KB095486

オノマトペ 建築

隈研吾

의성어 의태어 건축
オノマトペ 建築

2017년 6월 5일 초판 발행 ○ 2018년 4월 5일 2쇄 발행 ○ **지은이** 구마 겐고 ○ **옮긴이** 이규원
펴낸이 김옥철 ○ **주간** 문지숙 ○ **편집** 우하경 ○ **디자인** 남수빈 ○ **디자인 도움** 박민수
커뮤니케이션 이지은 박지선 ○ **영업관리** 김헌준 강소현 ○ **인쇄·제책** 스크린그래픽
펴낸곳 (주)안그라픽스 우 10881 경기도 파주시 회동길 125-15 ○ **전화** 031.955.7766(편집)
031.955.7755(고객서비스) ○ **팩스** 031.955.7744 ○ **이메일** agdesign@ag.co.kr
웹사이트 www.agbook.co.kr ○ **등록번호** 제2-236(1975.7.7)

이 책의 국립중앙도서관 출판예정도서목록(CIP)은 서지정보유통지원시스템 홈페이지(seoji.nl.go.kr)와
국가자료공동목록시스템(www.nl.go.kr/kolisnet)에서 이용하실 수 있습니다.
CIP제어번호: CIP2017011897

ISBN 978.89.7059.896.3(03610)

의성어 의태어 건축

구마 겐고 지음
이규원 옮김

안그라픽스

반응하고 — 말하는 — 건축

김광현 — 전 서울대학교 건축학과 교수

건축물은 견고한 재료와 구조로 지어지지만 이 구축물은 사람을 위해 있다. 사람이 들어가 있는 공간인 건축물은 사람이 입고 있는 가장 커다란 옷이다. 옷을 갈아입고 일하고 쉬듯이 이 방에서 저 방으로 옮겨 다니며 방이라는 옷을 갈아입는다.

옷에는 구멍이 나 있다. 구멍이 나 있지 않은 비닐로 우비는 만들어도 비닐로 만든 속옷은 없다. 한여름에 입는 옷은 구멍이 숭숭 뚫려 있고 겨울에 입는 옷은 구멍이 촘촘하다. 건축과 토목은 어떻게 다른가? 참 많이 듣던 질문이다. 사람, 공기, 물, 나무 등 생명을 다루는 건축은 창이 있으나 무생물을 다루는 토목은 창이 없다. 토목은 어떤 구멍도 만들어서는 안 되지만 건축은 송송 뚫린 구멍, 숭숭 뚫린 구멍, 빼꼼히 뚫린 구멍, 뻥 뚫린 구멍이 없으면 안 된다.

옷은 앞뒷면이 있다. 바깥면은 나를 가려주고 아름다운 색깔과 문양으로 나의 모습을 밖을 향해 돋보이게 해준다. 안면은 피부에 부드럽게 닿는다. 몸을 감싸는 옷에는 고유한 촉감이 있다. 새틴satin은 보드랍고 매끄러우며 앙고라angora는 아늑하고 포근하며 부드럽고 알파카alpaca는 투박하고 거칠고 묵직하며 홈스펀homespun은 까슬까슬하고 태피터taffeta는 바삭바삭하며 데님denim은 빳빳하다.

사물은 모양을 가지고 움직이며 소리를 낸다. 건축물이 안팎에서 사람을 감싸도록 사물을 구축하는 것이라면 사물의 모양에 눈과 손이 멈추고 자연 현상 속에서 사물이 소리를 낸다.

'뒤뚱뒤뚱'은 물체가 정지해 있을 때는 크고 묵직하지만, 움직이며 중심을 잃고 가볍게 이리저리 기울어지며 자꾸 흔들리는 모양을 한 번에 나타낸다. 사물의 소리를 흉내 낸 말이 의성어이고, 사물의 모양이나 움직임을 흉내 낸 말이 의태어이다. 의성어와 의태어는 특정한 사물을 묘사하는 것 같지만 사물 자체를 나타내기도 한다. '짹짹'은 참새이고 '멍멍이'는 강아지이며 '꼬꼬'는 닭이고 '꿀꿀이'는 돼지나 저금통이다.

건축을 전문으로 하는 사람도 다 알지 못하는 것이 참 많다. 이를테면 이런 식이다. "건축은 신체와 관련되고 감각으로 현상이 인식되며 재료에는 물성이 있고 표면과 표층이 외피로 감싸며 외부 환경에 대하여 더블 스킨으로 해결하고 투명한 재료로 반구축을 실천한다."

건축은 몸에 반응하고 옷과 같으며 말을 건넨다고 하면서도 정작 건축이 그렇게 존재해야 할 것에 대해서는 정말 어렵게 말한다. 사물을 추상적으로만 다루기 때문이다.

건축물을 의성어와 의태어로 표현했다는 점이 중요한 게 아니다. 이 말은 건축물이 사물의 존재를 넘어 옷처럼 감싸고 감각을 전달하며 사물이 사람, 환경, 자연과 끊임없이 하나로 동화되어야 한다는 주장의 다른 표현이다. 나의 신체와 다른 사람의 신체, 우리를 둘러싸는 건축물과 그것이 이루는 환경, 그리고 방 안까지 가깝게 와 있는 자연. 건축물로 이 모든 것이 단절되지 않고 하나로 이어질 수 있어야 함을 건축가 구마 겐고는 이 책에서 의성어와 의태어로 바꾸어 말하고 있다.

건축물은 말을 한다. 견고한 재료와 구조로 지어진 구축물이 무슨 말을 하냐고 물을지 모르겠으나, 사람은 지나가는 구름에 말을 걸 줄 알고 스쳐 가는 꽃 하나도 나에게 말을 건다. 구름과 꽃이 사람과 사물에 말을 거는 것을 시라고 하지 않는가. 그렇다면 건축물의 벽과 창과 문과 물질이 매일 그 안에서 생활하는 우리에게 말을 걸지 않을 리 없다. 동화책이 의성어와 의태어로 사물을 알려 주듯 건축물은 의성어와 의태어로 말하기 시작한다.

꿈틀꿈틀

움찔움찔

임태희 —— 건국대학교 디자인대학원 실내환경디자인전공 겸임 교수

2007년 밀라노 살로네 전시에서 '지도리CIDORI'라는 구마 겐고의 파빌리온을 발견한 것은 해가 지기 시작할 즈음이었다. 그 무렵이 기억나는 이유는 어슴푸레해진 공기의 무게와 조명의 불빛이 비물질적인 파빌리온을 균형 있게 채워주는 모습이 좋았기 때문이다. 지도리는 세 개의 나무 각재를 못이나 접합 도구 없이 X, Y, Z축으로 동시에 끼울 수 있는 장난감의 일종이다. 이 결합이 볼륨이 되고 공간이 되어 사람이 들어갈 수 있는 규모로 확장되었다는 점, 그리고 이 구조체가 가지는 투명하고 개방감 있는 특징이 흥미로웠다. 그러나 지도리는 어디까지나 건축이라기보다는 구조체였고, 그래서 나는 무거운 공기가 파빌리온을 채울 때의 묘한 상생을 포착한 시각이 강한 기억으로 남았는지도 모른다.

2010년 'GC프로소뮤지엄 리서치센터GC Prostho Museum Research Center'가 발표되기 전까지 이 파빌리온의 존재를 까맣게 잊고 있었다. 기발한 아이디어이지만 건축과는 별개라고 생각했기 때문이었다. 이를 건축으로 당당히 존재시킨 현실을 목격하고 나자, 뒤통수를 한 대 얻어맞은 기분이었다. 2012년 발표된 다자이후텐만구 오모테산도에 있는 '스타벅스Starbucks Coffee'는 더욱 놀라웠다. 격자 구조가 지닌 단조로움이 지도리가 가지는 건축적 상상력의 한계라고 생각했는데, 예각과 둔각의 구조체로 발전시킨 이 작품은 한층 입체적이고 다이내믹한 공간감을 보여주었다. 그러나 이 또한 인테리어니까 가능한 것이라고 생각했다.

2013년 발표된 '서니힐스 재팬Sunny Hills Japan'은 예각과 둔각이라는 구조적인 한계를 온전한 구조체로 성립시킴으로써 다른 버전의 건축으로 구현한 것이었다. 사진으로 본 뒤 구마 겐고에게 "털이 숭숭 난 괴물 같다."라고 어떻게든 흠집을 잡으려고 떼쓰는 어린아이처럼 이야기한 적이 있다. 구마 겐고는 빙그레 웃으며 꼭 한번 가보고 그때에도 그런 기분이 드는지 이야기해 달라고 하였다. 2년 뒤 서니힐스 재팬을 직접 마주하자 부끄러운 마음이 들면서 등줄기에 식은땀이 났다. 괴물이기는커녕 이처럼 따스하고 편안한 공간을 경험한 기억이 별로 없을 정도였다. 땅과 도로와 햇빛과 풍경과 창과 이웃과 도시와 그리고 사람이 서로의 이야기를 재잘거리며 관계를 맺고 노래하며 춤추는 것만 같았다. 살아 있는 생명체로서 모든 신체 요소들이 불필요한 것이 하나도 없고 이 요소들은 건축적 언어를 통해 얼마나 관계와 이야기를 나누는지 재잘재잘 말해주었다. 둘러보고 나올 때에는 오히려 주변의 현대 건물들이 괴물같이 느껴졌다. 지극히 개인적인 고백이자 이야기다.

건축을 생명을 가진 존재로 사고하고 표현한 작품은 그 이전에도 있었다. 그러나 건축가가 건축에 대한 개념과 관심을 한 프로젝트에 국한하는 것이 아니라, 연속적으로 실험하고 고민하고 성장시켜나가는 것은 구마 겐고만의 매우 독특한 건축적 실천법이라고 생각한다. 그의 작품을 유심히 관찰하면 작은 아이디어가 파빌리온이 되고 인테리어가 되고 시행착오를 통하여 건축으로 발전시켜나가는 방식을 발견할 수 있다.

생명체가 탄생하고 성장하면서 몸과 마음과 정신이 성숙해지는 것처럼, 혹은 미약한 생명체라도 움찔움찔 움직이다 보면 어느새 불가능하다고 생각된 자리까지 꿈틀꿈틀 가 있는 것처럼 말이다. 구마 겐고의 건축이 더불어 살아 있는 생명체로 표현되는 것은 자연스러운 귀결이라고 생각한다. 개인적으로 흥미로운 것은 이러한 건축적 실천법과 건축적 사고법은 매우 상반된다는 점이다. 작은 것에서 큰 것으로 발전시켜나가는 건축적 실천법과는 달리, 그의 건축적 사고는 큰 것에서 작은 것으로 작게 분절되고 입자화되고 있다. 그로써 건축적 경계는 일방적인 구획이 아니라 무수히 많은 입자의 상호 관계로 인식된다. 그래서 구마 겐고의 건축은 사진보다 경험하는 것이 더 좋고, 한 장으로 전달되는 포토제닉함보다는 구석구석 마음이 움직이고 와닿는 기분이 좋은 게 아닐까. 이렇게 생각하자 잘게 나눈 관계성이라는 것이 주어와 동사 그리고 목적어라는 언어 체계만으로 표현하기에는 턱없이 불충분하다는 생각이 들었다.

건축을 이성적인 논리의 전개로서가 아니라, 공간 속에서 인간이 경험하는 감각과 감촉이라는 관점에서 본다면 의성어와 의태어가 아니면 설명할 수 없는 감각들의 사고법이 필요하다는 생각이 든다. 나는 비로소 이 책의 제목이 왜 '의성어 의태어 건축'인지 알 것 같았다. 한국의 독자도 작고 미약한 무수히 많은 관계의 중요성을, 꿈틀꿈틀하며 살아가는 미약한 운동의 강인함을 이 책을 통해서 발견하는 기회가 되길 바란다.

건축을 입자화함으로써 세계와 인간을 더욱 강하게 묶다

구마 겐고 인터뷰

모더니즘과 건축의 아트화에 대한 비판

요즘 사무소에서 스태프들과 토론할 때 '송송송송'이나 '삐죽삐죽' 같은 의태어를 구사하신다고 하던데요.

설계 회의할 때 사용합니다. 뭐 거의 의태어의 연속이라고 할 정도여서 무슨 유치원 같아요(웃음). 어려운 말로 하자면, 저는 건축을 하면서 기존 모더니즘의 기본 원리와는 다른 것을 탐색하고 있는데 그게 정확히 무엇인지는 아직 모릅니다. 잘 모르는 것을 앞이 안 보이는 사람마냥 더듬듯 찾고 있다고나 할까요. 언젠가는 언어로 좀 더 제대로 표현할 수 있을지도 모르지만, 그때까지는 우선 제가 생각하는 것을 신체감각에 가장 가까운 의태어로 표현해서 스태프들에게 던지는 겁니다. 그걸 어떻게 받아들이느냐는 스태프마다 다를 텐데, 솔직히 잘 모르겠습니다. 의태어는 기존의 형태 언어처럼 개념이 명확하게 정립되지 않아서 감으로 받아들이게 하는 수밖에 없고, 상대방의 감성에 의존하는 부분이 큽니다. 일단 그렇게라도 던지는 것이 중요하다고 생각한 거죠.

의성어 의태어 사용은 모더니즘 언어에 대한 비판, 그리고 건축의 아트화에 대한 비판에서 비롯된 겁니다. 이소자키 아라타磯崎新 씨 이래 건축의 아트화라는 조류가 20세기 후반 이후 세계를 지배했습니다. 20세기 전반이 공업 모더니즘, 그 다음이 아트 모더니즘입니다. 이소자키 씨는 건축의 아트화를 가리켜 '수법'이라고 말했습니다. 1970년대에 이소자키 씨는 모더니즘에 맞서 '수법'이라는 개념을 제시했는데, 그 이전의 모더니즘은 기능주의라는 모호한 방법론에 안주했고 구체적인 방법론이 없었어요. 고전주의나 고딕 같은 건축 양식의 방법론은 좀 더 명쾌하고 논리적이었습니다. 그에 반해 모더니즘은 필로티, 옥상정원, 연창 정도의 지극히 빈곤한 언어밖에 가지고 있지 못했습니다.

이소자키 씨는 모더니즘의 빈곤한 내용을 비판하며 정방형이라든지 정방형의 반복, 파도 형태 등 기하학적이고 객관성 있으며 과학적인 형태 생성의 수법을 제시했어요. 기능주의라는 일종의 과학적 자세를 취하면서도 내실에는 과학적인 것이 전무했다는 모더니즘의 유치함과 허구성을 이소자키 씨는 수법이라는 개념을 제시하며 비판한 겁니다.

그러나 이 수법은 수상쩍어서, 새로운 경향인 척하는 복고주의의 일종이었어요. 그것이 건축 세계를 얽어매서 꼼짝 못하게 하고 말았죠. 복고적 기하학성에 부응하지 않는 것은 전부 배제하고 말았습니다. 수법에 부응하지 않는 것은 촌스럽다는 강렬한 배제 구조를 만든 겁니다. 하지만 저는 건축을 시작할 때부터 수법이라는 형식화에 부응하지 않는 것, 즉 기성의 기하학에 부응하지 않는 것이 가장 재밌는 거 아닌가 느끼고 있었죠.

하지만 그것을 언어로 표현하는 순간 또다시 수법이라는 논리에 빠져버려 형태의 한 종류로 분류될 것 같았습니다. 그래서 명료한 언어로 표현하기보다 일단 의성어 의태어로 머물러 제 생각을 스태프들에게 던져봅니다. 상대방이 어떻게 느끼고 저에게 되던져주는지 보면서 설계를 진행하는 겁니다. 이를 통해서 매우 재미있는 결과가 나오고 있습니다.

의성어 의태어 사용은 건축의 새 원리를 추구하는 도구, 그러니까 언어의 속박을 최소화하기 위한 장치로군요.

그렇습니다. 언어에는 무언가를 정의하거나 명확히 하는 역할이 있는데, 의성어 의태어는 정의하려 하지 않고 명확히 하려는 의지도 없지요. 이 점이 의성어 의태어의 가능성이라고 봅니다. 기성 언어를 사용하여 건축을 설계하려는 순간 언어가 도리어 건축을 구속하게 되어 이소자키적 함정에 빠져버립니다. 요컨대 언어에서 도망치고 싶은 생각이 있는 거죠.

5퍼센트에 걸어본다

의성어 의태어는 수용자에 따라 개인차가 있다고 하셨는데 그 차이가 오히려 재미있다는 거겠죠?

스태프들과 토론할 때는 제 생각과 조금 어긋난 해답이

나오는 것을 중시합니다. 설계 사무소의 일반적인 방식과 많이 다르죠(웃음). 대개는 소장이 명확한 비전을 제시하고, 스태프들은 소장의 손과 발이 되어 그 비전을 실현해갑니다. 소장은 자기 비전을 명확히 전달하기 위해 명백하게 정의된 언어를 구사합니다. 혹은 직접 스케치를 그려서 제시하는 등 일방통행이 되기 마련인데, 사실 소장은 스태프들에게 언어나 스케치로 전달한 것을 뛰어넘는 재미있는 응답을 기대하고 있지 않는 겁니다. 이런 일방통행으로 만든 건축은 그다지 재미난 건축이 되지 못합니다. 한 인간의 뇌에서 나온 것에는 한계가 있어요. 저의 방식은 스태프들에게 모호한 메시지를 던져놓고 구성원들이 내 생각 이상의 혹은 내 생각과 미묘하게 어긋나는 응답을 내놓기를 기대하는 겁니다.

"어…… 그런 의미에서 말한 건 아니지만"이라는 말이 나오는 상황도 많겠군요.

"어떻게 이런 대답이 돌아오는 거야."(웃음) "기대하던 것과 전혀 다르잖아." 하는 경우가 많죠. 전혀 달라서 채택할 수 없는 경우가 95퍼센트인지도 모르지만 5퍼센트 정도는 매우 흥미로운 대답이 돌아오는 경우가 있어요. "오, 이런 수가 있었네." "그래? 이런 식으로 어긋나게 해석하는 자네의 감각이 재밌군." 하면서(웃음). 그리고 그 5퍼센트의 모종의 오독을 이용해서 다음 단계로 나아갑니다. 계단을 한 단 오르는 데 그 오독을 사용하는 겁니다. 묻고 답하는 가운데 한 계단씩 올라가야 재미있지 소장이 일방적으로 끌고 가는 방식이면 계단을 계속 내려가는 분위기가 되고 맙니다. 아무래도 저는 계단을 올라가고 싶고 저부터가 가슴이 설레고 싶죠. 스태프들과 문답하며 뜻밖의 답이 나오는 것이 놀랍고 가슴 설렙니다. 그것이 설계의 가장 맛있는 진수라고 생각합니다. 그런 진수를 맛보기 위해 모종의 모호함을 유지한 채 언어를 넘어서는 의성어 의태어를 많이 사용합니다.

창조적 오독이랄까 혹은 생산적 오독 같은 것을 기대하는 거군요.

그것을 창발성創発性이라는 식으로 언어화해버리면 제가 의도하는 미묘한 어긋남의 뉘앙스가 사라집니다. 창발성이라는 말은 탈구축[1] 시대에 꽤 유행했던 어휘죠. 창발성이라는 어휘로 표현해버리면 폭투 비율 95퍼센트인 엉성한 캐치볼의 재미가 드러나지 않게 됩니다.

신체적 경험 차원의 어휘

의성어 의태어는 건축을 그보다 상위 주체(건축가)가 조작하는 대상으로 파악하는 것이 아니라 건축과 인간을 같은 위치에서 파악하는 겁니다. 건축가는 건축 위에 있는 존재가 아니고 사용자와 함께 건축 속을 두리번거리며 걸어 다니는 사람입니다. 일종의 신체적·체험적 차원에서 발신되는 동물적 음성이 의성어 의태어입니다.

그 신체는 우선 물질로 촉발되는 경우가 많습니다. 의태어라도 가령 '꺼슬꺼슬'은 물체의 상태나 인상을 표현하죠.

무리하게 추상화하는 것이 아니라 구체적으로 생각하려고 하면 우선 물질이란 문제에 직면하게 됩니다. 사실 물질은 전혀 과학적이거나 객관적이지 않으며, 건축적 경험을 만들어내거나 끌어낸다는 의미에서 지극히 주관적이고 영적인 날것입니다.

흙을 보고 손으로 만지면 대부분의 사람은 단순한 갈색 가루를 만진 것 이상의 무엇, 가령 더럽다거나 포근하다고 느낍니다. 물질을 근대 과학의 이성으로, 객관적으로 파악하는 것이 아니라 거기에 신체를 부딪혀보았을 때의 반응으로 파악합니다.

이런 것은 질 들뢰즈Gilles Deleuze[2] 같은 사람도 자주 거론하죠. 단단함도 주관적이어서 보통 물은 부드럽다고 생각하지만 높은 곳에서 물로 뛰어내리면 매우 단단하게 느껴집니다. 마찬가지로 온도도 과학자는 객관적인 것으로 파악하지만 실은 지극히 주관적인 것이죠.

건축가 하라 히로시原広司3씨가 오구리 히로시大栗博司4의 중력론에 빠져서 요즘은 그 이야기밖에 하지 않습니다. 단단함이나 온도처럼 지금까지 객관적이고 계측 가능하다고 믿었던 것이 실은 상대적이고 계측 불가하다고 최근 우주물리학에서 밝혀지고 있어요. 과학이 진화하면 역으로 물질과 주관의 경계가 모호해집니다. 객관적 세계가 붕괴하는 겁니다.

그래서 저는 물질은 경험적인 것이라고 말하기 시작한 겁니다. 물질이 경험적이고 정신적이라고 말하면 토속주의적 사고라느니 프리미티비즘primitivism의 일종이니 하고 비판하는데, 그 정반대예요. 과학의 최첨단 성과에 비춰보면 물질과 정신 혹은 경험의 경계는 모호합니다. 저는 그것을 건축을 통해 보여주고 싶은 겁니다.

르 코르뷔지에, 알바 알토의 건축과 신체

알바 알토Alvar Aalto나 어느 시기 이후의 르 코르뷔지에 Le Corbusier는 신체적 체험이라는 부분을 많이 의식하고 건축을 했던 것 같은데, 모더니즘 전반을 보면 그 방향에서 지어진 건축은 그다지 많지 않습니다.

그래요. 신체성 부분은 포스트모더니즘이니 모더니즘이니 하는 이즘ism을 초월해 있어요. 모더니즘은 일종의 운동이라 운동의 숙명으로서 강렬한 언어화를 소망하는데, 한편으로는 미처 언어로 수용되지 않는 것에 다다른 사람도 있습니다. 코르뷔지에는 운동의 한계, 운동이 필연적으로 동반하는 경직적인 언어의 한계를 이른 시기에 알아차린 천재적인 사람이죠.

어떤 의미에서 코르뷔지에가 그런 경직화의 원인을 만든 본줄기가 아니었나요……?

그래요. '그럼에도'라고 해야겠죠. 일찌감치 깨달았기에 롱샹성당Notre Dame du Haut5 같은 것에 다다를 수 있었어요. 알토의 파이미오 요양소Paimio Sanatorium6도 1930년대라는 이른 시기의 작품이지만 관능적인 감촉이 있습니다.

그 요양소는 모던한 인상이 강한데 그러면서도 신체에 묘하게 어필하는 점이 있어요.

그래서 실제로 가봤을 때 흠칫했죠. 그런 감각을 가지고 있는 사람이 모더니즘 안에도 있었던 셈이지만, 역으로 포스트모더니즘 쪽 사람들은 모더니즘에 비판적인 태도를 보이면서도 구사하는 언어는 경직적이었죠. 먼저 언어로 상대방을 때려뉘어야 한다는 미국적 문화의 영향이 강했고, 포스트모더니즘은 모더니즘 이상의 경직성을 가지고 있었어요. 그런 언어를 통한 건축 운동을 뛰어 넘고 싶다는 생각이 내부에 강하게 있었는데, 그것도 의성어 의태어 사용으로 연결된 거겠죠.

건축의 경험과 시간

건축을 경험하거나 공간을 돌아볼 때 지속이나 시간이라는 요소에 대해서 어떻게 보십니까?

시간이야말로 경험의 핵심을 이룬다고 생각하지만 시간은 온도와 마찬가지로 객관적인 것이 아니라 상대적인 것이라는 아인슈타인 이래의 관점이 최근 우주물리학 분야에서 더욱 강조되고 있어요. 시계로 표시되는 객관적 시간이란 인간의 환상에 불과하다는 거죠.

그런 신축하는 시간을 기반으로 건축을 해보고 싶습니다. 건축에서 시간이나 공간을 이야기할 때는 지그프리트 기디온Sigfried Giedion7의 『공간·시간·건축Space, Time and Architecture』을 많이 참조합니다. 기디온은 시간과 공간은 전환이 가능하다는 아인슈타인적 세계를 건축으로 실현한 것이 근대 건축이라고 말하는데요. 아인슈타인에 대한 기디온의 이해는 매우 유치한 수준입니다. 아인슈타인과 시간에 대한 그의 이해는 결국 피카소나 브라크Georges Braque의 큐비즘에 대한 이해 같은 것이었어요. 회화 공간에 복수의 시간이 그려져 있다는 큐비즘적 이해에 머물러 있었으며 아인슈타인이 천착하던 시간에 대한 물렁물렁한 신축성은 이해하지 못했죠.

큐비즘 회화는 인물이나 악기 같은 대상의 다양한 면을 각각 다른 시간에서 바라보았을 때의 모습을 한 그림에 담은 것처럼 보이는데요. 그것은 아인슈타인이 이해한 시간과는 다르다는 건가요?

기디온은 건축을 투명하게 하면 시간과 공간의 경계가 모호해진다고 말하고 있을 뿐, 투명화의 방법은 전혀 제시하지 않았어요. 유리 상자를 넘지 못했지요.

포스트모더니즘을 넘어서

포스트모더니즘의 경직성은 모더니즘보다 더하다는 말씀을 하셨는데, 구체적으로 어떤 건축가를 염두에 두고 하신 말씀인지요?

가령 미국 건축가 마이클 그레이브스Michael Graves[8]나 피터 아이젠먼Peter Eisenman[9] 같은 사람이죠. 그들은 당시 최첨단 철학을 흡수하여 화려한 논리를 만들고 그 논리를 건축에 번역했어요. 먼저 언어가 있고 그것을 건축으로 번역했을 뿐이어서 건축은 언어에서 번역된 것 이상은 아니었죠. 그것이 포스트모더니즘 선도자들의 한계였던 겁니다.

다만 포스트모더니즘의 선도자 가운데 재미있는 사람이 필립 존슨Philip Johnson[10]입니다. 미스 반 데어 로에Mies Van Der Rohe를 미국에 소개했고 나중에 AT&T 빌딩으로 최초의 포스트모더니즘 건축을 만들었죠. 그는 건축 스타일의 빠른 변신 때문에 늘 비판받았어요. 그러나 존슨의 건축이 보여주는 미묘한 비틀기나 유머 감각에는 언어를 초월한 경쾌함이 있었어요. 그는 미국적인 경직성, 언어의 경직성을 뛰어넘은 매우 흥미로운 사람이었습니다. 존슨은 드넓은 정원 한가운데에 살면서 언어를 정원 속에서 상대화했죠. 저는 1985년부터 1986년까지 포스트모더니즘이 전성기일 때 미국 건축가들을 인터뷰했는데, 한마디로 그레이브스나 아이젠먼 같은 머리 좋은 사람들, 생각이 경직된 사람들은 건축이라는 날것을 재미없어 한다고 느꼈어요. 그 시절의 미국을 직접 체험하며 오히려 그 언어파와는 다른 건축을 하고 싶다는 생각을 강하게 품었습니다.

안티 오브젝트와 어포던스

구마 씨가 추구하는 건축의 방향성은 모더니즘을 넘어서는 비욘드 모더니즘일 뿐만 아니라 비욘드 포스트모더니즘이기도 하다는 거군요. 비욘드 모더니즘 쪽에서 말하자면 구마 씨는 '안티 오브젝트'라는 시점을 제시하셨어요. 모더니즘의 고립된 오브젝트나 형태에 대한 고집, 주위와의 관계성을 절단해버린다는 면에서는 저서나 건축을 통해 내내 비판적인 관점을 보여주셨지요.

안티 오브젝트라고 말한 진의는 주위와 연결된 다음이 중요하다는 겁니다. 연결된 뒤에 그 상태에서 가치를 만들어내는 것은 체험의 힘이라는 거죠. 단순히 연결된 것만으로는 재미가 없으며, 그곳을 걸어 다니며 신체적 설렘을 느꼈으면 하는 겁니다.

바로 이것이 사람들이 안티 오브젝트라는 말에서 읽어냈으면 하는 점입니다. 오브젝트주의는 '주위와 절단된 오브젝트를 어떻게 조작할까'라는 관점이므로, 조작하는 주체는 오브젝트 위에 있어 위에서 보는 시선입니다. 그런 조작주의로는 연결하려는 순간을 감당할 수 없게 됩니다. 건축을 만드는 다른 방식과 발상이 나와야 합니다. 그럴 때 자신의 눈높이를 건축과 같은 지면까지 내리면 송송송송이나 삐죽삐죽 같은 의태어가 자연히 입에서 나오는 겁니다.

안티 오브젝트와 관련해서 또 하나 지적하고 싶은 것은 J. J. 깁슨James J. Gibson[11], 사사키 마사토佐々木正人로 연결되는 인지과학의 사고방식(어포던스affordance)이 저의 건축 방법론과 연결되어 있어서, 이렇게 말하면 사사키 선생이 화를 낼지 모르지만, 어포던스의 발상을 일상어로 번역하면 의성어 의태어가 되는 겁니다(웃음).

과연, 어떤 것(오브젝트)에만 초점을 맞춰 그 성질이나 가치를 문제 삼는 것이 아니라 환경에 초점을 맞춘 다음 그것의 성질이나 가치를 찾는 어포던스와 구마 씨의 건축, 그리고 의성어 의태어는 분명히 연결되는군요.

역사적으로 세계를 어떻게 인식해왔는지 보면 제1단계가 물체론, 제2단계가 공간론, 제3단계가 입자론으로 정리할 수 있다고 생각합니다. 먼저 인간은 눈앞의 물체에 눈길을 주는데, 그것이 건축론에서 말하면 고대 그리스에서 출발하는 고전주의 건축의 논리이고 르네상스도 그 계통입니다. 다음으로 물체와 물체의 틈에 관심을 옮겨서, 물체보다 그 틈새가 인간에게 더 중요하다는 사고가 강해져서 공간론이 생겨납니다. 건축 세계에서는 르네상스 뒤에 온 바로크가 공간론이고 19세기 고트프리트 젬퍼Gottfried Semper[12]도 근대 공간론의 대표 선수입니다. 젬퍼의 공간론이 진화해서 아돌프 로스Adolf Loos의 라움플랜raum plan이 생겨나고, 나아가 20세기 모더니즘 건축의 '투명성' '공간유동성'이란 논의를 낳았습니다.

어포던스 이론은 물체와 공간과 인간을 과학적으로 통합하려는 주장으로, 이때 입자라는 개념이 중요해집니다. 생물은 입자를 매개로 세계를 인식하고, 입자가 존재하지 않는 밋밋한 세계에서는 거리나 질감을 판단할 계기도 없으며, 생물이 살아갈 수 없는 불안한 세계라는 것을 어포던스 이론이 발견했습니다.

저는 제가 무의식적으로 만들고 있는 송송송송하거나 삐죽삐죽한 건축이 어포던스 이론을 사용하면 멋지게 설명된다는 것을 알고 흥분했습니다. 제가 하는 일은 건축을 입자화하는 것이고 세계와 인간을 보다 강하게 연결하는 것이라고 단언해도 좋습니다. 입자라는 개념을 사용하면 정원이나 건축이나 입자로 만들어져 있다는 데서는 완전히 같으며 심리스seamless한 환경이 되므로 건축을 단절된 오브젝트에서 구출할 수 있습니다. 어포던스 사고방식을 사용하면 일하기가 쉬워집니다.

어포던스 이론이 발견했다고도 할 수 있는, 입자로 구성된 심리스한 환경을 이야기하는 데 가장 적합한 방법이 의성어 의태어입니다. 입자론이라는 방법은 인지과학이나 건축에 한정되지 않고 모든 과학의 기본적 방법이 되고 있습니다. 현대물리학의 기본도 입자론이고 중력처럼 눈에 보이지 않는 것조차 물질간 입자 교환을 사용하여 설명할 수 있게 되었습니다.

그런 시대에 어울리는 것이 의성어 의태어가 아닌가가 제 직감입니다. 첨단 과학이 원시적 언어로 연결된다는 점이 재미있는 겁니다.

주

1. 프랑스 철학자 자크 데리다Jacques Derrida (1930–2004)가 마르틴 하이데거Martin Heidegger의 『존재와 시간Sein und Zeit』에서 발상을 얻어 전개한 개념. 탈구축은 로고스 중심인 서양 형이상학의 비판과 해체를 추구했다. 탈구축 개념은 미국을 중심으로 광범위하게 영향을 미쳐 건축에서는 피터 아이젠먼이나 다니엘 리베스킨트Daniel Libeskind 등의 작품에 많은 영향을 주었다.

2. 프랑스의 철학자 질 들뢰즈(1925–1995)는 『주름Le Pli』에서 라이프니츠 철학을 논했으며 1990년대에 건축가들은 들뢰즈가 제기한 '벽' 개념에 영향을 받아 벽상 건축을 많이 구상했다. 책 제1장에 "배의 속도에 따라 파도는 대리석 벽처럼 견고해질 수도 있다."라는 구절이 있다.

3. 하라 히로시(1936–)는 전통 민가나 마을이 가진 지혜나 가치를 연구하여 현대 건축에 살리는 건축가로 알려져 있다. 구마 겐고가 대학원 시절 그에게 배운 적이 있다.

4. 물리학자 오구리 히로시(1962–)는 물리학의 첨단 이론인 초끈 이론 연구로 많은 상을 받았다. 염가본으로 출판된 『오구리 선생의 초끈 이론 입문大栗先生の超弦理論入門』 『중력이란 무엇인가重力とは何か』 등은 문외한도 쉽게 읽을 수 있다.

5. 롱샹성당은 르 코르뷔지에의 1955년도 작품이다. 1952년에 준공한 마르세유의 유니테 다비타시옹Unité d'Habitation은 적나라한 콘크리트 마감으로 1930년대 화이트박스 주택군과는 동떨어진 인상을 주지만 3년 뒤에 완성한 롱샹성당은 갑각류를 연상케 하는 유기적이고 조각적인 형태로 다른 모든 건축으로부터 고절孤絶된 존재감을 담고 있어, 건축된지 60년이 지난 지금도 건축적 영향력은 줄어들지 않았다.

6 파이미오 요양소(1933)는 핀란드에서 수많은 명작을 만들어낸 알바 알토의 초기 대표작이다. 스키니한 하얀 벽면은 모더니즘 초기 건축의 참신함을 전해주는 한편 엔트런스 캐노피를 비롯하여 다양한 장소에 시공된 아르 형상의 디자인이나 형형색색의 색채 구사 등으로 단순한 화이트박스형 건축에서는 볼 수 없는 관능적인 작품이 되었다.

7 지그프리트 기디온(1888–1968)은 스위스의 건축사가이자 건축 평론가로 르 코르뷔지에와 함께 모더니즘 운동을 이끌었다. 근대건축국제회의 CIAM에서 10회까지 의장을 맡았다. 그의 저서 『공간·시간·건축』(1941)은 1970년대까지 건축가의 필독서 가운데 하나였다.

8 마이클 그레이브스(1934–2015)는 리처드 마이어Richard Meier 등과 함께 '뉴욕 파이브New York 5'로 불리며 르 코르뷔지에의 '백색시대' 작품을 계승·발전시킨 작품군으로 주목받지만, 1982년 포틀랜드 시청Portland Building 등을 통해 포스트모던 건축의 대표 작가로 여겨지게 된다. 일본에도 하얏트 리젠시 후쿠오카Hyatt Regency Fukuoka 외 여러 작품이 있다.

9 피터 아이젠먼(1932–)은 마이클 그레이브스나 리처드 마이어 등과 함께 '뉴욕 파이브'라 불리지만, 그 후 탈구조주의 건축의 대표 건축가로 여겨지게 된다. 1988년 MoMA에서 열린 〈디콘스트럭티비스트 아키텍처Deconstructivist Architecture〉 전에도 출전하였다. 자크 데리다와 '코라의 정원コーラの庭' 프로젝트를 진행하려 했으나 의견 차이로 실현되지 못했다. 일본에도 후타니도쿄빌딩布谷東京ビル 등의 작품이 있다.

10 미국 건축가 필립 존슨(1906–2005)은 1932년에 MoMA에서 열린 〈모던 아키텍처Modern Architecture〉 전을 기획했으며, 미스 반 데어 로에를 미국에 소개할 때 큰 역할을 했다. 대표작으로 유리집, AT&T 빌딩 등이 있으며, 후자는 포스트모던을 대표하는 건축이기도 하다. 1988년 〈디콘스트럭티비스트 아키텍처〉 전에서 감독으로 일했다.

11 J.J. 깁슨(1904–1979)은 미국의 심리학자로 어포던스 이론을 제창했다. 어포던스는 영어 afford(할 수 있다)로 만든 조어로 사물의 성질과 가치에 대하여 환경이 제공하는 정보를 말한다(가령 의자라면 '앉을 수 있다'라는 정보). 이 환경을 지각할 때 중요한 것이 환경을 구성하는 다양한 사물의 면surface 배치다. 그중에서도 다양한 면에 대하여 기준이 되는 지면(바닥)이 특히 중요하다. 또 면 배치 자체의 지각에는 사물이 가진 질감이나 빛(깁슨은 방사광과 구별하여 포위광ambient light이라 불렀다) 배열이 커다란 역할을 한다고 했다.

12 고트프리트 젬퍼(1803-1879)는 독일의 건축가로, 대표작으로 드레스덴궁정가극장Semperoper, 저서로 『건축예술의 4요소The Four Elements of Architecture』 『공업적, 구축적 예술의 양식 혹은 실용의 미학에서의 양식론Der Stijl in den Technischen und Tektonischen Künsten Oder Praktische Asthetik』 등이 있다. 그는 원시적 주거가 난로, 흙바닥, 골조·지붕, 가벼운 외피라는 네 가지 기본 요소로 구성된다고 했다. 또 젬퍼는 건축의 기원은 직물이며 최초의 기본적 구조물은 끈 매듭이라고 주장했다.

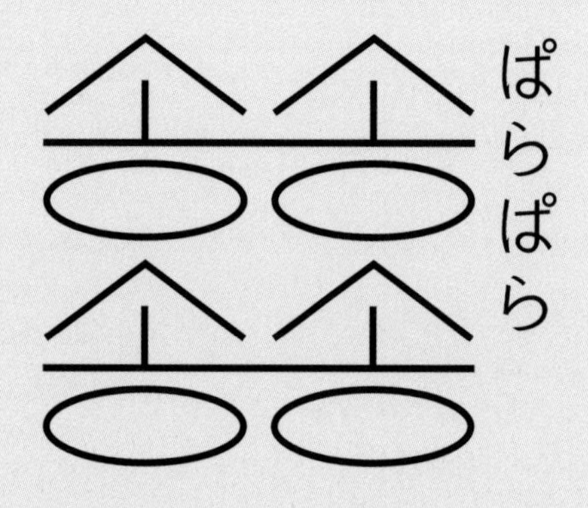
ぱらぱら

사물과 사물이 밀착하지 않고
틈을 둔 상태가 송송송송입니다.
말하자면 입자가 살아 있는 상태,
선명하게 드러난 상태입니다.
입자가 살지 않으면 세계가 밋밋해져
사물의 원근이나 질감, 경도를
알 수 없고 생물이 불안해집니다.

20세기 어포던스 이론은 생물이

입자를 단서로 세계의 깊이를

확인한다는 사실을 증명하여 우리에게

입자의 중요성을 가르쳐주었습니다.

세계가 송송송송하기 때문에 우리는

거기에서 깊이, 거리, 질감을 발견하고

자신이 살 수 있는 곳인지,

살아갈 만한 곳인지를 판단하고

안심할 수 있는 것입니다.

다만 단순히 틈이 있다고 송송송송이 되는 것은 아닙니다. 입자의 크기와 틈의 관계가 중요합니다. 입자가 너무 잘아도 송송송송이 되지 않고 너무 커도 송송송송이 되지 않습니다. 입자가 살아나지 않기 때문입니다. 로터스 하우스에서는 돌이 송송송송한 입자로 취급되고 있습니다. 돌 하나를 어느 정도 크기로 재단해야 집 전체에 송송송송한 이미지를 낼 수 있을까요. 돌을 좀 더 작게 만들어 벽돌만한 크기가 되면 송송송송한 이미지가 부족해집니다. 어딘지 옹색하게 유착된 인상이 되고 맙니다. 반대로 보통 외벽에 사용하는 60×120센티미터로 하면 너무 커서 입자론이 사라져버립니다.

설탕으로 비유해볼까요. 눈앞에 있는 작은 그릇에 놓인
5밀리미터쯤 되는 브라운 슈거 알갱이들은 비교적
송송송송해서 커피에 넣으면 맛있을 것처럼 느껴집니다.
하지만 입자가 고운 그래뉼러당이라면 하나하나는
알갱이지만 송송송송하게 느껴지지는 않지요.
한편 브라운 슈거 알갱이가 더 커도 커피에 넣기에는
너무 거칠게 느껴져 맛있을 것 같지 않습니다. 어떤 경우든
전체와 부분의 관계 속에서 딱 알맞은 송송송송한 감을
찾아내야 합니다.

송송송송은 나만의 테마는 아니고 건축 디자인의 보편적 테마였습니다. 그리스의 파르테논 신전 정면에는 기둥이 여덟 개 있는데, 왜 여덟 개일까요? 우선 신전에는 흔히 짝수가 사용됩니다. 가령 다섯 개라면 정면 중간에 기둥이 떡하니 자리 잡는데 그 기둥이 굉장히 답답하게 느껴지기 때문에 짝수로 배치하는 거죠.
하지만 같은 짝수라도 여섯 개나 열 개가 아니라 왜 하필 여덟 개일까요? 정면에 기둥 여덟 개가 있는 파르테논이 여러 신전 가운데 신전으로서 가장 아름답다고 하는 것은 어째서일까요? 열 개면 번잡한 느낌이고 여섯 개면 역으로 헐거운 느낌이 드는 것은 왜일까요?

한마디로 기둥의 송송송송한 느낌의 문제입니다.

송송송송한 느낌이란 피치나 밀도의 문제만은 아니며

전체와 부분의 균형과 깊은 관계에 있습니다.

같은 피치로 늘어놓아도 열 개가 나란히 있으면

그래뉼러당처럼 촘촘해지고 여섯 개면 헐렁하고 쓸쓸하죠.

여덟 개라면 딱 알맞게 송송송송하다고 느껴집니다.

파르테논의 아름다움은 대개 프로포션proportion 문제로
해석되어 기둥의 직경과 높이의 프로포션, 파사드에 감춰진
황금비로 설명하지만 실은 그 이상으로 사람의 신체에
어필하는 것은 상쾌한, 송송송송한 느낌입니다. 송송송송한
느낌은 수치로 나타내기 어려워 서구에서는 프로포션이라는
지표를 사용하여 '미'를 날조하려는 버릇이 있습니다.
고대 그리스·로마에 유래하는 고전주의 건축 이론은
기본적으로는 프로포션론이고, 20세기의 챔피언
르 코르뷔지에의 모듈러만 해도 전형적인 프로포션론입니다.
생물에게 중요한 것은 프로포션이 아니라 송송송송한
느낌이며 상쾌한 틈입니다.

로터스 하우스
Lotus House

냇가 숲속에 지어진 빌라. 내(물)와 건축이 융합하는 모습을 만들기로 하고 내와 빌라 사이에 물을 채워 연꽃을 심고 건축이 연못을 매개로 강으로, 나아가 건너편 숲으로 연결되도록 했다. 연못이라는 매개가 투명감을 만들어낸다. 사진은 연못에서 본 중정.

미스 반 데어 로에가 바르셀로나 파빌리온Barcelona Pavillion(1929)에 사용했던 트래버틴travertine 이라는 베이지색 석재를 벽면에 사용했다. 미스는 트래버틴을 무겁고 육중한 소재로 다뤘지만 로터스 하우스에서는 트래버틴을 송송송송한 입자로 다뤄 내와 건축을 부드럽게 연결했다. 위쪽 사진은 1층 차고에서 본 풍경으로 20×60센티미터의 트래버틴 패널이 8×16센티미터 플랫 바에 고정되어 있다.

↑ 2층에서 본 차고 방향의 풍경
→ 현관에서 바라본 모습

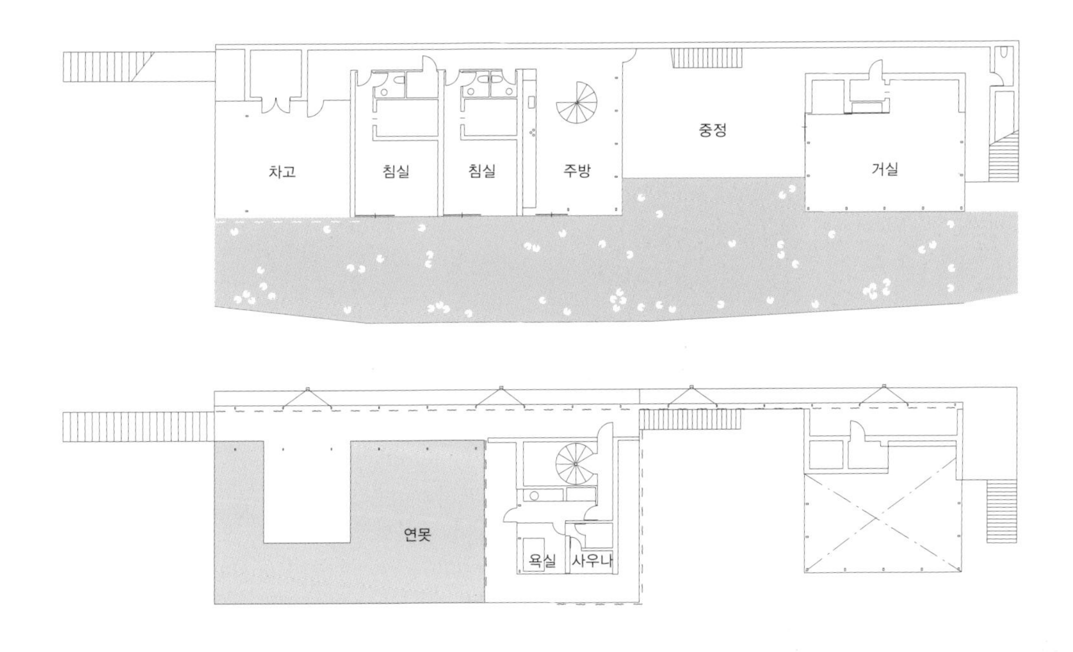

송송송송하다고 느끼게 하려면 먼저 석재 패널이 인간 신체에 상쾌하게 느껴지는 크기여야 한다. 여기에서는 20×60센티미터, 두께 3센티미터로 송송송송해야 하며 더 중요한 것은 패널(입자)과 패널이 한 점에서 가볍게 닿을 뿐 바짝 밀착되지 말아야 한다. 한 점에서 가볍게 닿기 위하여 단면이 8×16밀리미터인 플랫 바를 이용하여 돌을 매다는 곡예 같은 작업에 도전했다. 송송송송은 입자와 입자의 접점 형상에서 유래함을 확인했다.

유스하라 우든브리지 뮤지엄
Yusuhara Wooden Bridge Museum

고치高知현 삼나무 숲에 삼나무와 철을 결합하여 혼합 구조 다리를 만들었다. 보통 나무다리는 큰 단면에 폭이 넓은 집성재를 사용하는데 콘크리트 교량 같은 형상이 되어 목조 특유의 송송송송한 느낌이 사라진다. 그러나 이 프로젝트에서는 18×30센티미터의 작고 짧은 부재의 단면을 구성 단위(유닛)로 사용하여 일본 전통 목조의 송송송송한 느낌을 지닌 가뿐한 휴먼 스케일의 다리를 만들 수 있었다. 사진은 북쪽 외곽의 황혼.

↑ 북쪽 외관. 오른쪽은 온천 시설
→ 북쪽 외관 디테일

다리 양단에 '하네기はねぎ'라 불리는 부재를 가지런하게 돌출시킨다. 하네기라는 일본의 전통 건축 기법을 실마리 삼아 작은 부재를 이용한 송송송송한 나무다리를 실현할 수 있었다.

2층 동쪽 갤러리에서 북쪽을 바라본 풍경

구모노우에노
호텔
회랑
구모노우에노
雲の上の
온천
테라스
다리
갤러리
관리실

규슈예문관 별관 2
九州芸文館 アネックス 2

교실·공방에서 바라본 모습

지쿠고가와筑後 강변 둑에 삼나무 집성재로 구름처럼 송송송송한 지붕을 올렸다. 밑변이 2.5미터인 이등변삼각형 유닛을 만들고 조립용 구멍을 파놓은 다음 까치발 원리를 이용하여 잇달아 짜 맞춰서 육각형 평면을 가진 공간을 확장할 수 있었다. 육각형, 즉 나무판 여섯 개의 집합체는 사각형의 단단한 질서보다 훨씬 송송송송하다는 것을 발견했다. 60도를 기본으로 하는 기하학적 구조 덕분에 세 방향으로 확장할 수 있는 자유로운 그리드 시스템은 프랭크 로이드 라이트Frank Lloyd Wright, 벅민스터 풀러Buckminster Fuller, 루이스 칸Louis Kahn 등도 시도했다. 인간이 혼자 옮길 수 있는 나무판을 기본 단위로 하여 더 유연하고 송송송송한 공간 생성 시스템을 만들 수 있었다.

브장송 예술문화센터
Besançon Art Center and Cité de la Musique

스위스에 가까운 프랑스 동부 도시 브장송 강변에 위치한 음악당, 현대미술관, 음악학교 복합 시설. 대지에 있던 1930년대 조적조橫連窓 창고를 현대미술관으로 쓰되 과거와 현대, 건축과 자연이라는 대립 요소 전부를 나무 스크린으로 느슨하게 덮어 시민의 다양한 활동을 포용하는 모호한 복합체를 만들었다. 수평성 강한 대지에 어울리도록 현지 낙엽송으로 50×250센티미터의 긴 패널을 만든 뒤 송송송송 하게 배치하여 건물을 부드럽게 덮었다. 사진은 북쪽에서 바라본 모습. 왼쪽 건물이 현대미술관으로 쓰이는 조적조 창고이다. 송송송송의 밀도를 달리하여 현대와 과거를 접합했다.

↑ 서쪽의 도로 쪽 외관 디테일. 패널은 낙엽송 50×250센티미터
← 1층 로비

지붕도 태양광 패널, 녹화 패널, 천장을 무작위로 배치하여 느슨한 스크린을 형성했다. 패널을 모자이크 형태로 송송송송 배치한 결과, 내부에는 숲속에서 나뭇잎 사이로 비껴드는 햇살(고모레비木漏れ日) 같은 부드러운 빛이 비춰든다. 프랑스인도 이런 빛을 고모레비라고 부른다. 나뭇잎 사이로 비치는 햇빛은 결국 송송송송한 빛이다.

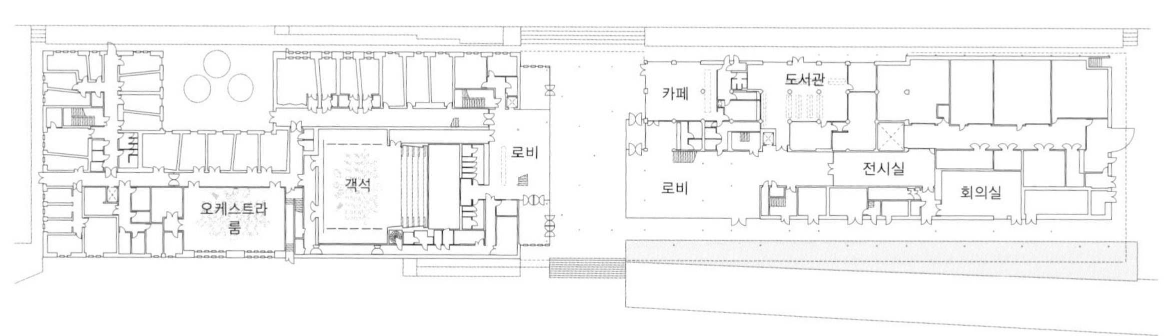
카페
도서관
로비
객석
오케스트라
룸
로비
전시실
회의실

남쪽에서 바라본 지붕. 태양광 패널과 녹화 패널 등이 미묘한 각도를 띠며 무작위로 송송송송 배치되어 있다.

펑얀
風檐

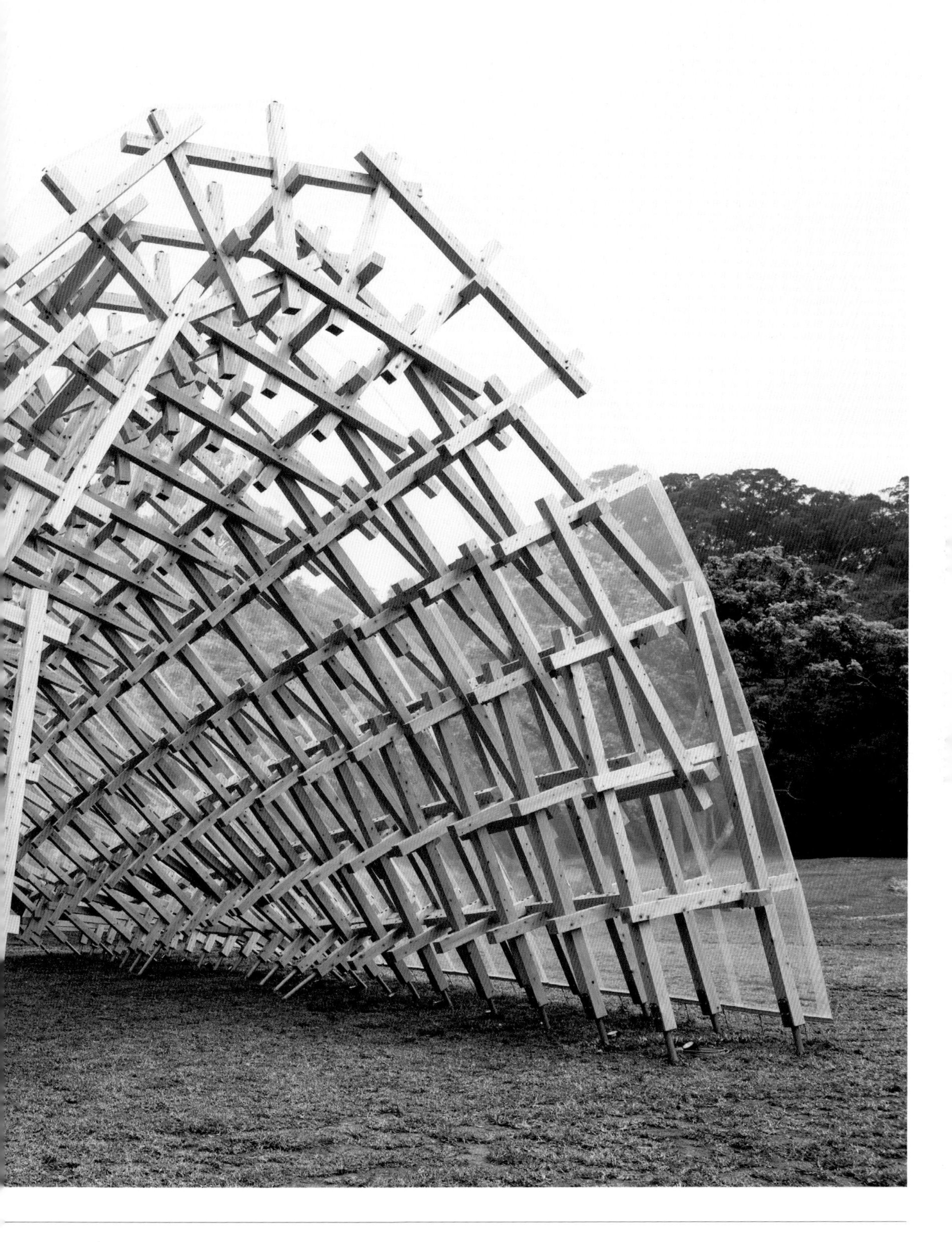

숲속의 작은 호텔 더원난유안The one 南園의 정원에 지어진 다목적 파빌리온. 105밀리미터짜리 노송나무 각재를 엮어 유기적 형상을 지닌 송송송송한 골조를 만들고 그 위에 누름대 없이 직접 투명 ETFE Ethylene tetrafluoroethylene 막을 씌워 노송나무 숲속에 있는 듯한 공간 체험을 만들어냈다.

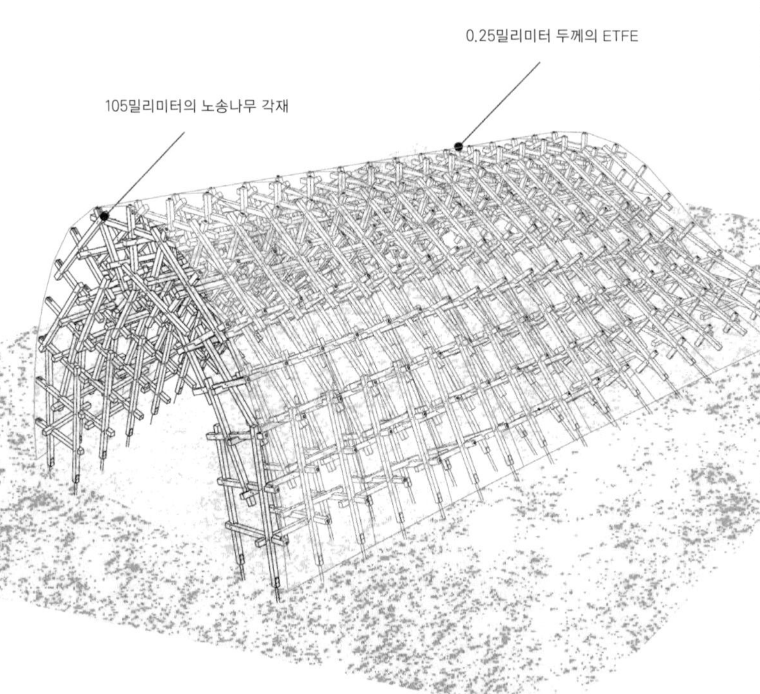
0.25밀리미터 두께의 ETFE
105밀리미터의 노송나무 각재

노송나무 각재를 지면에 고정한 뒤 그 위에 골조를 짜올렸다.

땅에서 천천히 융기한 듯한 지형을 위해 노송나무 유닛 전부를 서로 다른 각도로 접합했다. 그 결과 기본 구조는 아치이지만 송송송송하고 느슨한 구조체를 만들 수 있었다. 이 접점을 어긋나게 하는 조인트 시스템은 송송송송한 공간을 만드는 데도, 유닛의 작은 움직임을 감당하는 데도 효과적이어서 힘을 '놓아주는' 부드러운 구조가 되었다. 이 송송송송한 구조의 선을 그대로 따르는 투명막은 난이도가 가장 높은 시공이었는데, 폭 2미터짜리 띠 모양의 ETFE 막을 쓰되 가장자리를 접어 비막이를 대고 겹침으로써 송송송송한 물체의 움직임에 대한 호응과 방수 기능 둘 다 해결했다.

さらさら

생물에게 세계란 입자solid와
틈void으로 구성되어 있다는 것이
인지과학의 기초 인식입니다.
입자 사이에 틈이 있고 생물은
거기에서 자기 거처를 찾아낼 수
있습니다. 틈이 있기에 살아갈 수
있는 것입니다.

틈이 있다는 것은 기체나 액체가 흐르고 있다는 뜻입니다.

예전에 나는 틈의 크기, 입자의 크기에 관심이 있었지만

요즘은 흐름의 방향과 속도에 더 관심이 많습니다.

술술술술은 입자와 흐름의 관계성을 설명하는 말입니다.

입자 배열이 난잡하지 않고 균일하다면 그 틈으로

기체나 액체(혹은 빛)가 매끄럽게 흘러갑니다. 그것이

술술술술한 상태입니다.

술술술술한 상태가 좋다거나 나쁘다고 말하려는 것이 아닙니다. 흐름이 잘 디자인되지 않아서 너무 빠르거나 너무 정체되어 있으면 생물에게 불편한 조건이 됩니다. 흐름을 디자인하는 지표로서 술술술술한 느낌을 감지하는 능력이 필요합니다.

워터/체리
Water/Cherry

태평양이 내려다보이는 바닷가 절벽 위에 지은 빌라. 처마를 낮게 하여 볼륨이 작게 느껴지도록 하고 여러 동으로 철저하게 나눠 볼륨을 분해함으로써 건축을 구성하는 요소를 최대한 작고 인간 친화적으로 만들었다. 그 결과 각 동에 작은 다실 같은 휴먼 스케일과 온기를 줄 수 있었다. 정원의 벚나무 꽃잎이 입자화 작업의 모델이 되어서 프로젝트 명칭으로 삼았다. 사진은 연못 너머로 태평양을 바라본 풍경으로 오른쪽 끝이 2층 입구이고 왼쪽이 서재 동이다. 지붕과 처마의 연속적인 평행한 선이 술술술술한 느낌을 강화하고 있다.

↑ 바다 쪽에서 2층 입구를 바라본 모습.
← 현관 쪽에서 본 모습으로, 오른쪽 동에 리빙 다이닝과 온천이 있고, 왼쪽 동에 서재와 침실이 있다.

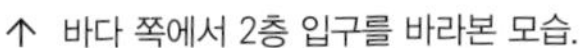

지붕은 폭 800밀리미터 알루미늄 판으로 이루어진 입자 집합체로 만들고, 외벽은 폭 40밀리미터 삼나무 루버의 집합체로 만들어 건축을 구성하는 작은 유닛을 전부 가시화했다. 여기에서 유닛을 짜지 않고 그냥 늘어놓음으로써 전체적으로 술술술술하고 상쾌한 인상을 풍기는 건물이 되었다. 중심에 얕은 여울을 흐르게 한 것도 술술술술한 인상을 더욱 강화해주었다. 이곳을 방문한 사람이 가장 먼저 만나게 되는 건물 옆면에는 루버를 요철 있게 붙여 음영을 만듦으로써 입자의 거슬거슬한 느낌을 살렸다.

실내에는 폭 250밀리미터 루버를 물고기 비늘처럼 요철을 주며 배치했다. '야마토바리大和張り'라 불리는 이 전통적인 디테일을 통해 무겁고 커다란 물질을 입자의 집합체로 바꾸었다. 사진은 침실 안쪽에 있는 욕실이다. 벽과 천장도 면이 아니라 선으로 풀어내 술술술술한 공간을 만들었다.

↑ 2층 리빙 다이닝

← 입구에서 본 모습. 2층으로 가는 계단도 얇은 판으로 풀어내 공기가 술술술술 흘러간다.

정원 쪽에서 본 모습. 왼쪽 동의 오른쪽에 욕실이 있고 왼쪽 안쪽에 침실이 있다.
정원에 깐 자갈 입자와 건축 구성 요소의 크기 사이 균형을 통해 술술술술한 정원이 만들어졌다.

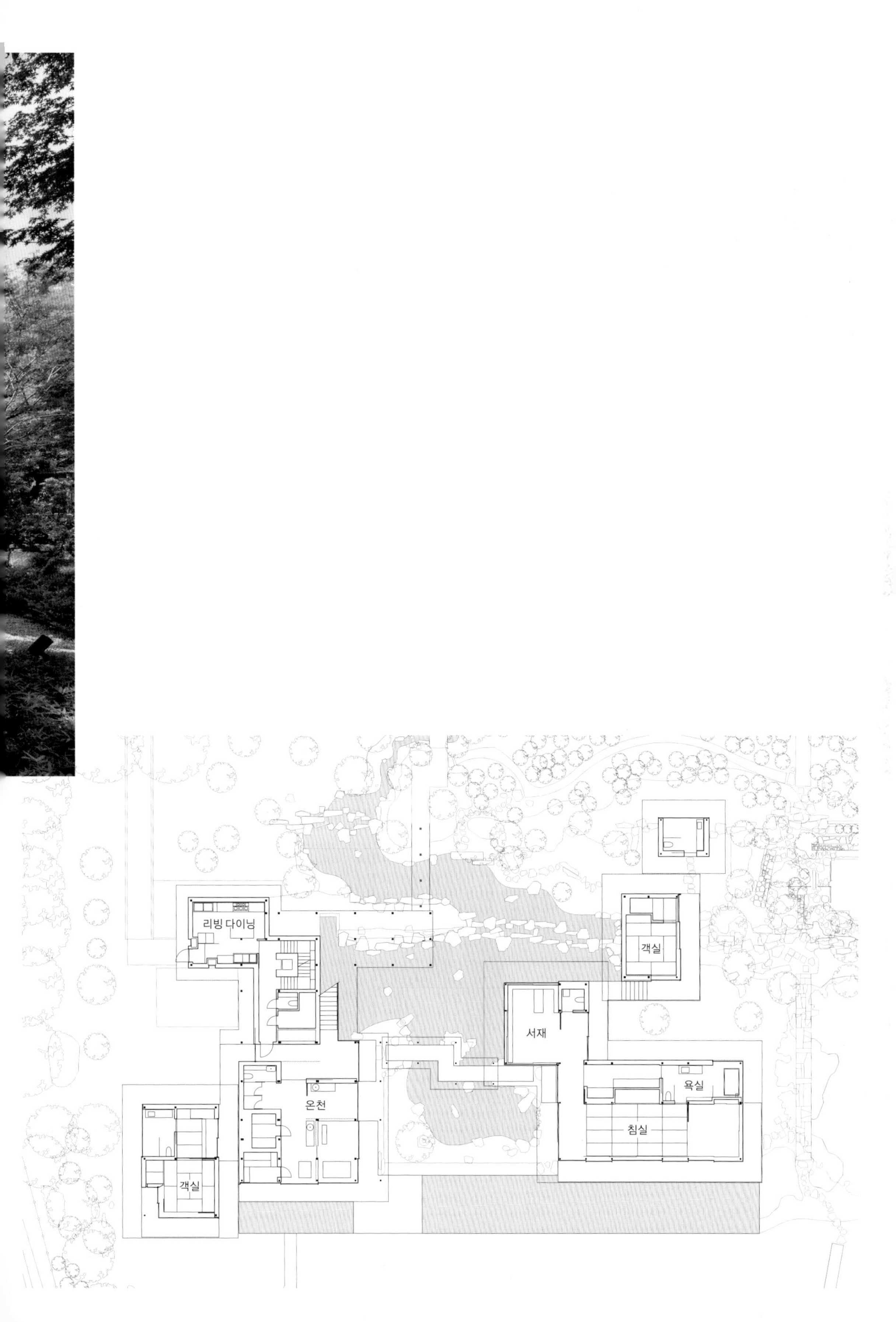

리빙 다이닝
객실
서재
욕실
온천
침실
객실

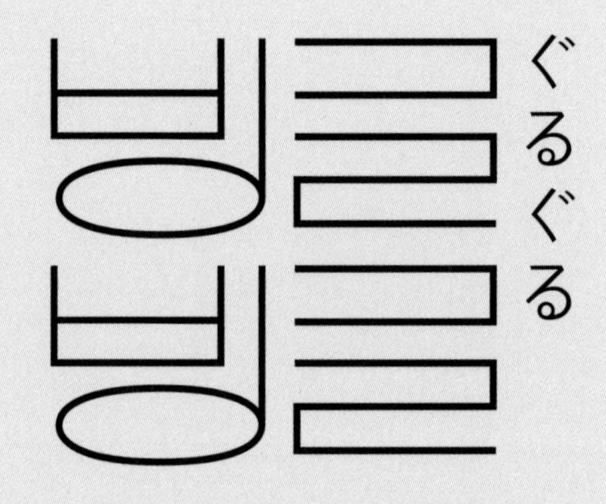
ぐるぐる

인지과학은 세계가 기본적으로
물체와 그 주변의 유체기체, 액체로
구성되어 있다고 가르칩니다.
어떤 생물이든 그렇게 세계를
인식한다는 겁니다. 우리도
일반적으로 세계는 그런 것이라고
생각하고 있습니다.

물체와 유체의 관계를 서술할 때 술술술술, 끈적끈적,
빙글빙글 같은 의성어 의태어가 쓰입니다. 흐름에는
소용돌이가 따르며 유체의 입자는 기본적으로 빙글빙글
운동하고 있습니다. 빙글빙글이라고 하면 구심적인
나선운동을 상상할지 모르지만, 무작위한 소용돌이 속에서
입자가 떠돌고 흘러가는 상태가 세계의 일상적인 모습입니다.
정연하게 흘러가는 것이 오히려 예외적이겠지요.

흐름이 일정하게 유지될 때는 차랑차랑 잔물결이 일어납니다. 그러다 소용돌이가 생겨나면 차랑차랑이 빙글빙글로 변합니다. 소용돌이는 생물에게 위협인 동시에 다양한 거처를 만들어주는 고마운 현상입니다. 소용돌이를 타고 있으면 계속 움직일 수 있고, 낯선 곳으로 흘러가는 일 없이 한 장소에 머무를 수 있는 이점도 있습니다. 불교에서는 이런 상태를 윤회라고 합니다. 빙글빙글이란 윤회이기도 하고 환경이란 점에서 보면 리사이클이기도 합니다.

민속학자 오리구치 노부오折口信夫, 1887-1953는 일본의 예능을 '마이まい'와 '오도리おどり'로 분류했습니다. 마이는 빙글빙글하는 회전운동이며 오도리는 폴짝폴짝하는 상하운동이라는 지극히 구체적이고 명쾌한 분류였습니다.
오리구치는 신이 출현하는 두 가지 스타일을 찾아낸 것입니다.
나는 그에게서 건축이 출현하는 양상을 배웠습니다.

신진 지 예술관
新津 知·藝術館

중국 쓰촨성 청두成都시 신진新津에 있는 도교의 성지 라오쥔산老君山 자락에 있는 미술관. 엄격한 인상의 박스형 미술관이 아닌 모든 공간을 라오쥔산으로 가는 길로, 성지까지 빙글빙글 나선형으로 상승해가는 길로 디자인했다. 사진은 남쪽에서 본 풍경으로 1층과 2층은 전시실, 3층은 강연장이다. 강연장 정면이 라오쥔산이다.

이 빙글빙글한 공간을, 토속 기와로 제작한 반투명 스크린이 부드럽게 감싸고 있다. 노지에서 구워내는 원시적인 방법으로 만드는 현지의 토속 기와는 크기도 색깔도 일정하지 않다. 이 거칠고 조야한 기와를 가는 스테인리스 와이어에 매달아 술술술술하고 경쾌한 피막을 만들 수 있었다. 와이어 상단부 라인과 하단부 라인을 어긋나게 함으로써 HP셸hyperbolic paraboloidal shell의 3차원 면을 스크린에 부여할 수 있었다. 왼쪽 사진은 서쪽 파사드, 위 사진은 동쪽에서 올려다본 모습.

연못이 있는 서쪽 파사드 야경. 수면 위에 빙글빙글한 나선운동이 발생한다.

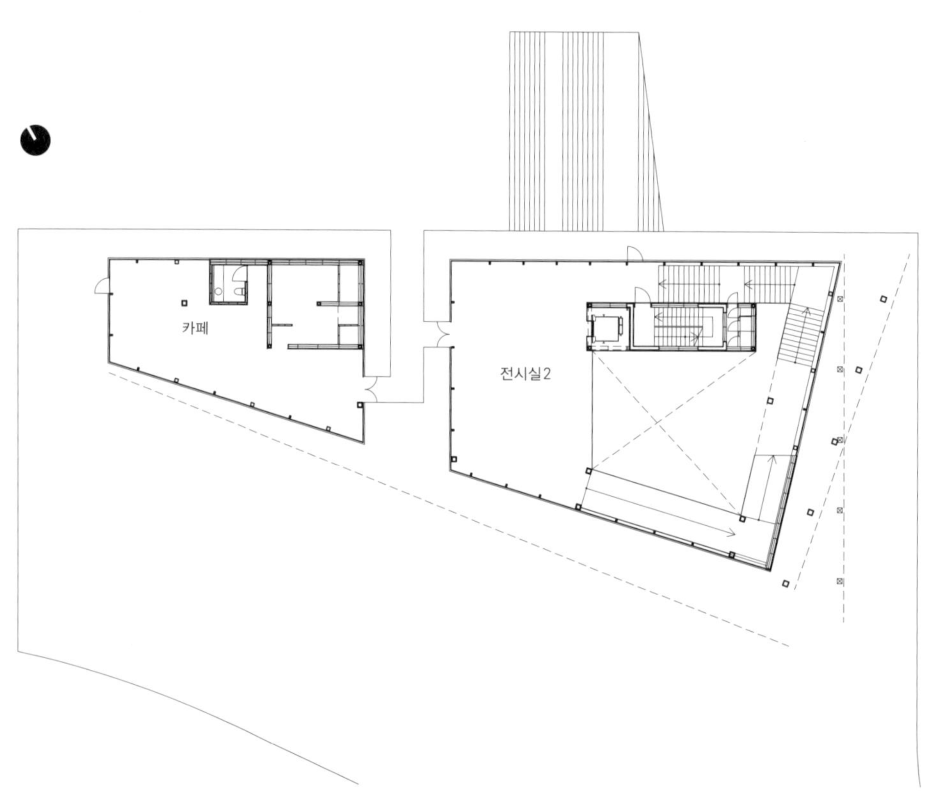
카페
전시실2

1층 북동쪽에서 바라본 모습으로 오른쪽이 카페, 왼쪽이 전시실이다.

규슈예문관 본관
九州芸文館 本館

저층 목조 주택이 모여 있는 규슈九州의 전원 풍경 속에 그 지붕 무리로 녹아드는 듯한 작은 지붕의 박물관을 지었다. 전체 구성을 보면 우선 박물관의 볼륨을 분할하고, 분할한 작은 볼륨이 중정 둘레를 빙글빙글 회전하는 듯한 유동성 높은 소용돌이 모양을 하고 있다. 각 볼륨도 네모난 박스가 되지 않도록 삼각형의 흐르르한 면의 집합체로 디자인하고 그 삼각형 면이 지붕 혹은 벽이 되어 공간을 에워싸고 있다. 사진은 북서쪽에서 본 모습. 반대쪽에 큰 계단이 설치되어 있다.

↑ 삼각형 개구부의 연속이 중심 광장에 소용돌이 운동을 발생시킨다.
→ 교실·공방 앞 통로에서 바라본 모습. 오른쪽에 큰 계단이 있다.
삼각형 벽면은 건축을 지지하는 구조적 유닛 역할도 한다.

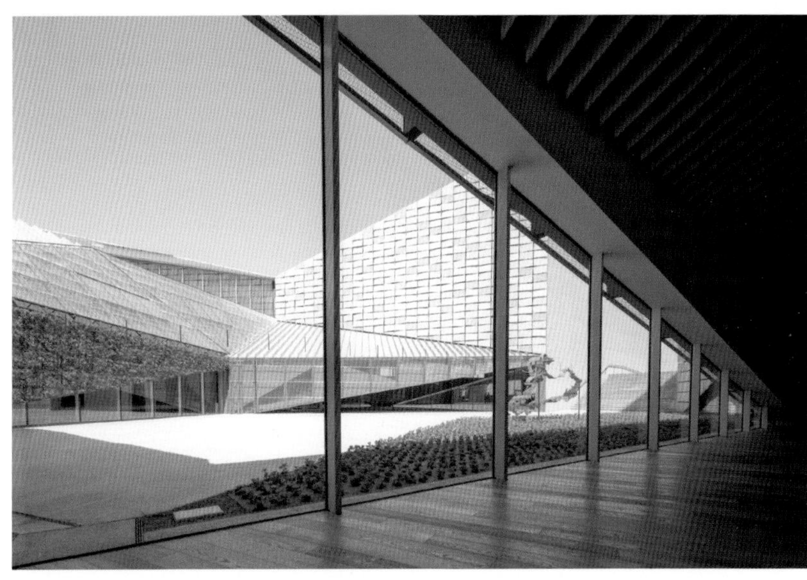

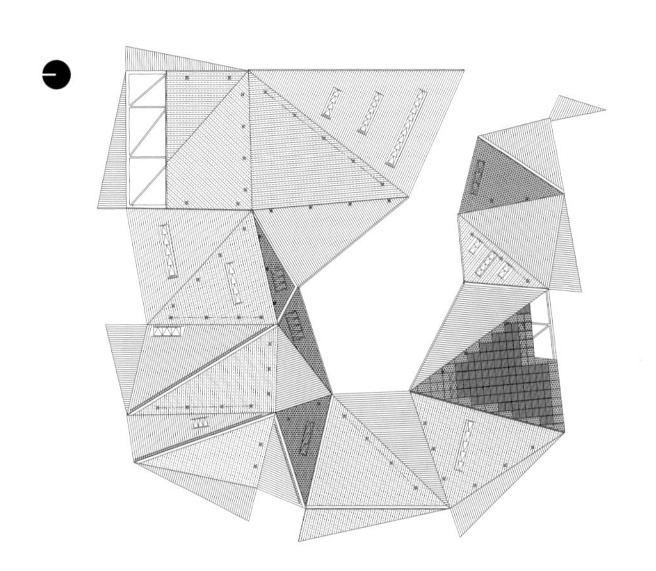

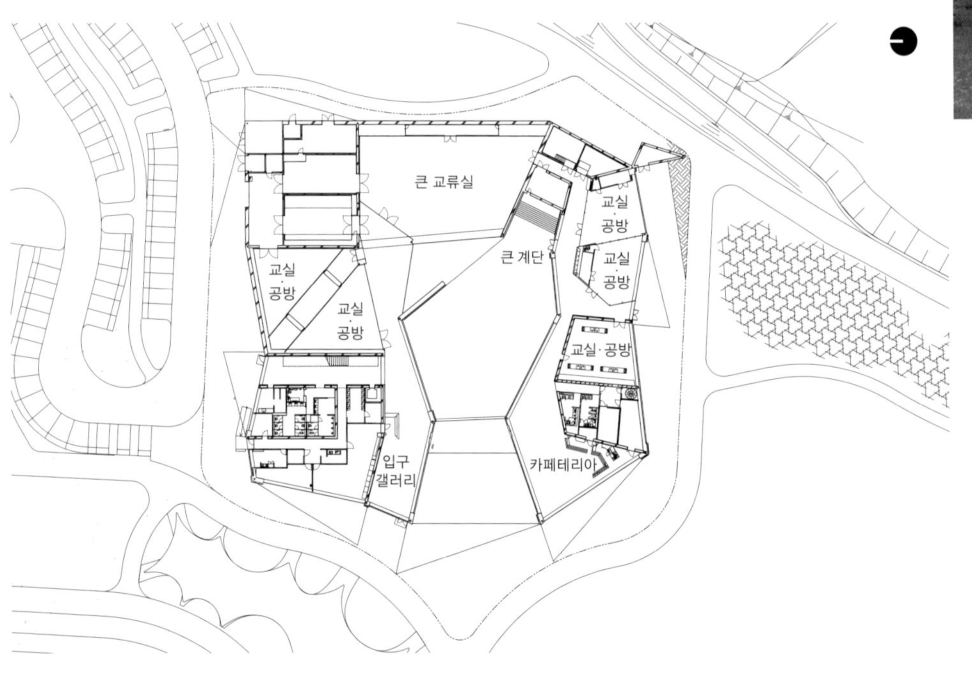
큰 교류실
큰 계단
교실
·
공방
교실
·
공방
교실
·
공방
교실
·
공방
교실·공방
입구
갤러리
카페테리아

구조적 단위인 삼각형 면이 볼륨을 지탱하고 있다. 작은 삼각형이 빛을 난반사함으로써 정원 속을 빙글빙글 뛰어다니는 듯한 경쾌하고 즐거운 분위기를 만들 수 있었다. 사진은 남서쪽에서 바라본 모습으로 다양한 형태·크기·재료의 삼각형들이 모여 볼륨을 만든다.

낭창낭창
Nangchang-Nangchang

이심전심이 주제였던 2013년 광주디자인비엔날레에 출전한 대나무 작품. 일반적으로 건축은 움직이지 않고 우리가 아무리 움직이려 해도 반응하지 않는다. 이 작품은 3센티미터 폭으로 쪼갠 대나무를 이용하여 사람이 움직이면 반응을 보이는 낭창낭창한 건축이다. 구체적으로는 누군가 대나무 바닥을 걸으면 지렛대 원리로 대나무가 휙 휘어지고 사람들 머리 위에서 대나무 끝부분이 흔들흔들 움직이도록 되어 있다. 대나무의 낭창낭창함을 이용해 빙글빙글한 단면 형상을 만듦으로써 이러한 상호작용하는 건축이 가능해졌다. 빙글빙글 휘는 대나무 동굴 속을 걸으면 동굴 자체가 건들건들 움직여 마치 생물의 내장 속과 같은 부드러운 존재로 느껴진다.

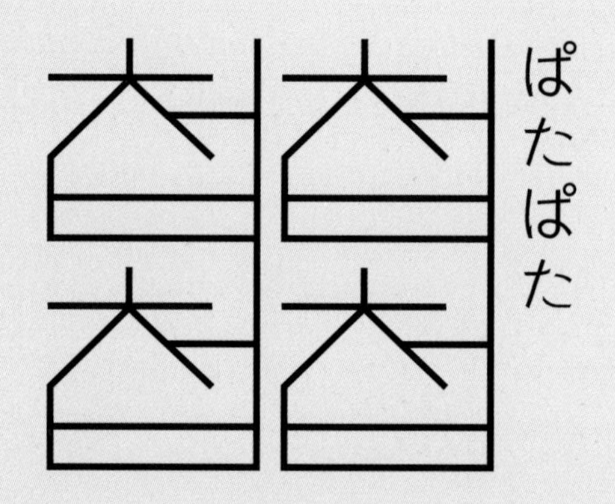
ぱたぱた

입자와 틈 사이에는 다양한 종류의
압력이 걸립니다. 입자가 틈을
압박하는 힘이 강한 경우가 있고
틈이 입자를 압박하는 힘이
더 강한 경우도 있습니다. 각 경우마다
생물에게는 전혀 다른 종류의 환경이
출현합니다.

압력의 방향과 함께 주목해야 할 것이 입자 표면의
유연성입니다. 입자의 피부가 딱딱한가 부드러운가에 따라
압력에 대한 반응이 달라집니다. 다양한 압력이
입자 표면에 주름을 만든다는 것을 우리에게 일깨워준
사람이 들뢰즈입니다. 주름은 곧 자글자글입니다.
압력의 강도와 피부의 부드러움이 주름으로 드러납니다.
나는 주름의 성질과 형상을 첩첩첩첩, 거슬거슬 같은
의태어로 표현합니다.

아오레 나가오카의 파사드에 시공한 나무 패널은

첩첩첩첩하지만 거슬거슬하지는 않습니다.

피부가 얇고 섬세하면 주름은 첩첩첩첩한 느낌이 됩니다.

얇고 섬세한 피부에 접하면 생물은 안심합니다.

나가오카에서는 광장을 향한 파사드만이 첩첩첩첩합니다.

광장을 보고 마음이 누그러진 사람들에게 안심을 주고

유유자적하게 있을 수 있도록 첩첩첩첩하게 했습니다.

아사쿠사 문화관광센터
Asakusa Culture Tourist Information Center

아사쿠사浅草 상가 건너편에 있는 정보 센터, 소극장, 카페 등의 복합건물로 에도 문화를 현대에 전하는 시설이다. 높이 40미터의 건축물을 의뢰받았는데, 우리는 부피감 있는 단일 건물이 아니라 옛 아사쿠사를 구성하던 목조 단층 건물을 일곱 층 포개는 방식을 생각해보았고, 틈새가 풍부한 송송송송한 중층 건축물이 실현되었다. 왼쪽 사진은 1층 로비에서 본 모습이고, 위의 사진은 북서쪽에서 본 모습. 카메라 뒤쪽에 기미나리몬雷門이 있다. 층마다 루버의 피치를 달리하여 첩첩첩첩한 느낌을 증폭시킨다.

海鮮居酒屋
デニーズ
2F

기본 단위인 '작은 주택' 각각을 조금씩 어긋나게 앉혀 파사드를 첩첩첩첩하게 만들었다. 그래서 40 미터라는 높이지만 옛날 도쿄 서민촌의 목조 규모를 되찾을 수 있었다. 왼쪽 사진은 서쪽 파사드로, 목조 단층 건물을 일곱 개 포갠 듯한 단면형을 보여준다. 층과 층 사이의 틈새는 에어컨 설비를 위한 공간으로 사용된다.

아오레 나가오카
アオーレ長岡

20세기에 도시가 확대됨에 따라 공공 건축물은 교외로 이전해 거대하고 고립된 콘크리트 상자가 되었다는 비판을 받았다. 나가오카 시청사, 아오레 나가오카 작업에서는 20세기의 이러한 흐름에 반전을 시도했다. 시청을 시내 중심가로 되돌리고 '나카도마ナカドマ'라 불리는 공공 광장을 만들어 시내 한복판에 생활의 중심을 재생할 수 있었다. 광장의 지면은 농가의 도마土間(한국의 봉당처럼 실내에 있는 맨바닥 공간)에 황토, 자갈, 소석회로 만든 반죽을 펴 바르고 쳐서 고정하여(다타키タタキ 기법) 거슬거슬하고 울퉁불퉁하다. 광장을 에워싼 벽에는 니가타 지방에서 나는 껍질과 마디가 있으며 뒤틀림 적은 양질의 에치고越後 산 삼나무를 무작위로 짜 맞추었다. 패널로 만들어 체크무늬가 되도록 송송송 부착했다.

나카도마의 크기에 비해 아직 까칠까칠한 느낌이 부족해보여서 패널을 첩첩첩첩 배치함으로써 보다 친화적이고 따뜻한 인상의 공공 광장을 만들 수 있었다. 공간의 규모가 커졌을 때는 그것을 구성하는 입자도 그 규모에 걸맞게 대담하게 배치해야 한다. 그렇지 않으면 나무를 이용하더라도 밋밋하고 반질반질한 인상을 준다는 것을 배웠다. 사진은 시청 3층 테라스에서 본 모습. 패널 밑에 강망 expand metal을 이용한 덕분에 패널이 발처럼 얇고 첩첩첩첩하게 느껴진다.

6:48

← 나카도마에서 본 모습. 정면이 시청사
↙ 회의장 홀에서 나카도마를 보면
그 너머로 시청이 보인다. 에치고 산
삼나무를 사용한 나무 패널은
천장까지 시공되어 나카도마를
부드럽게 감싸고 있다.

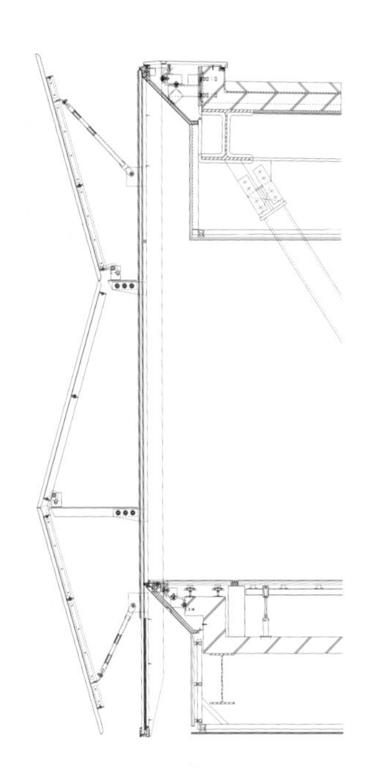

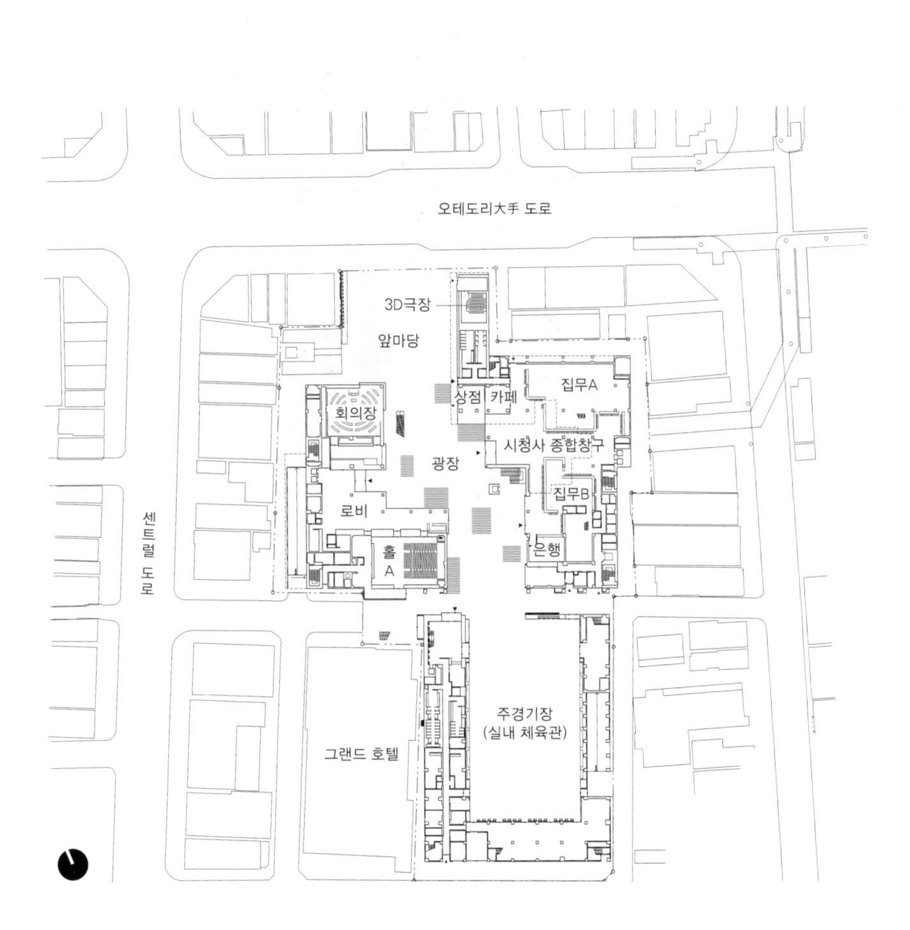

앙트르포 맥도날
Entrepot Macdonald

파리 북부 19구 맥도날 거리에 1970년에 지어진 거대한 물류 창고를 학교, 주택, 체육관 등의 복합 커뮤니티 시설로 재생하였다. 사진은 동쪽에서 중정을 바라본 모습이다. 중정을 에워싼 루버는 지붕의 금속판과 동일한 디테일로 만들어 지붕의 파편들이 경쾌하게 중정 전체에 부유하고 있다. 네덜란드 건축회사 OMA Office for Metropolitan Architecture가 기존에 있던 전체 길이 500미터인 2층형 창고를 남기되 건축가 다섯 명의 공동 작업으로 새로운 프로그램을 추가하겠다는 마스터플랜을 제안했는데 중학교, 고등학교, 스포츠 시설이 입주하는 동쪽 끝 부분을 우리가 담당했다.

기존의 닫힌 콘크리트 상자에 얇은 금속판을 덮어 만든 가볍고 첩첩첩첩한 지붕을 얹음으로써 시내에 느슨하고 열린 커뮤니티 시설을 실현했다. 사진은 동쪽에서 본 모습이다. 지붕을 접음으로써 커다란 볼륨을 도시 속으로 착지시킬 수 있었다.

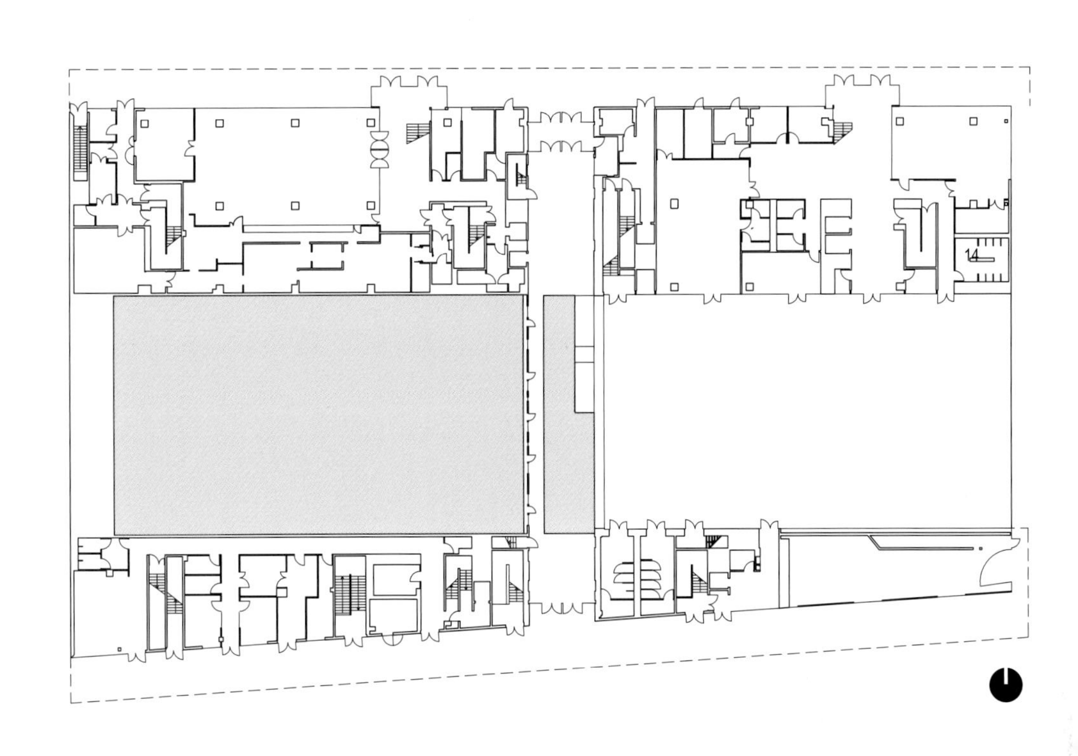

외벽에 붙은 루버와 종이접기 작품처럼 첩첩첩첩 접힌 지붕은 공간에 임의성randomness과 휴먼 스케일을 주었고, 동시에 지붕이 만드는 그림자 덕분에 도시 속에 지속 가능한 복합 건축이 출현했다. 사진은 중정 북쪽 벽면에 부착된 루버.

ぎざぎざ

표면이 밋밋해지지 않도록
첩첩첩첩하게 하거나 거슬거슬하게
합니다. 면이 커지면 아무래도
밋밋한 인상이 되어 틈새를 주는
것만으로는 송송송송한 느낌이
충분히 나지 않으므로 첩첩첩첩하게
하거나 거슬거슬하게 합니다.

거슬거슬은 귀퉁이가 뾰족한

느낌으로 삐죽삐죽과 통하는 점이

있습니다. 표면이 얇고 보드라울 때는

첩첩첩첩으로 충분하지만, 표면이

두껍고 딱딱해지면 조금 거슬거슬하게

만들고 싶어집니다. 거슬거슬하게 해서

뾰족한 끝을 삐죽삐죽하게 하지 않으면

입자감이 살아나지 않기 때문입니다.

지붕의 경우, 방수층이나 단열층이 필요해서 두께를 주어야 하므로 아무래도 딱딱하고 무거운 표면이 되기 쉽습니다. 그래서 거슬거슬한 처리가 필요합니다. 돌이라는 무겁고 두께 있는 소재로 만든 좃쿠라 광장에서는 벽을 거슬거슬하게 하고 싶었습니다. 거슬거슬하게 하는 것은 경사 부재로 벽면에 단단한 인상을 주는 효과가 있으며, 구조적으로 강성을 획득하게 하는 데도 유효합니다.

좃쿠라 광장
ちょっ蔵広場

대곡석大谷石으로 지은 옛 쌀 창고를 보존하는 동시에 그 창고를 중심으로 커뮤니티의 핵이 되는 새로운 역 앞 광장을 만들었다. 대지는 대곡석 채석장 근처이며 옛 쌀 창고도 대곡석으로 지은 것이다. 대곡석은 매우 부드럽고 무른 돌로, 흙과 돌의 중간쯤 되는 재료처럼 느껴졌다. 그 부드러운 물질에 거슬거슬하고 예각적인 물질감을 주고 싶어 그물 무늬 철판과 돌을 조합한 혼합 구조 벽을 만들어 건물을 지탱했다. 사진은 광장에서 전시장을 바라본 모습이다. 지붕 끝을 얇게 만들어서 본체의 리듬에 지붕도 함께하게 했다.

일찍이 대곡석으로 데이코쿠호텔帝国ホテル(1923)을 시공한 프랭크 로이드 라이트도 대곡석을 거슬거슬하게 하기 위해 비스듬한 방향으로 금을 넣었다. 사진은 전시장 공간. 천장 보드를 돌과 동일한 무늬로 가공함으로써 공간 전체가 하나의 리듬으로 진동하게 되었다.

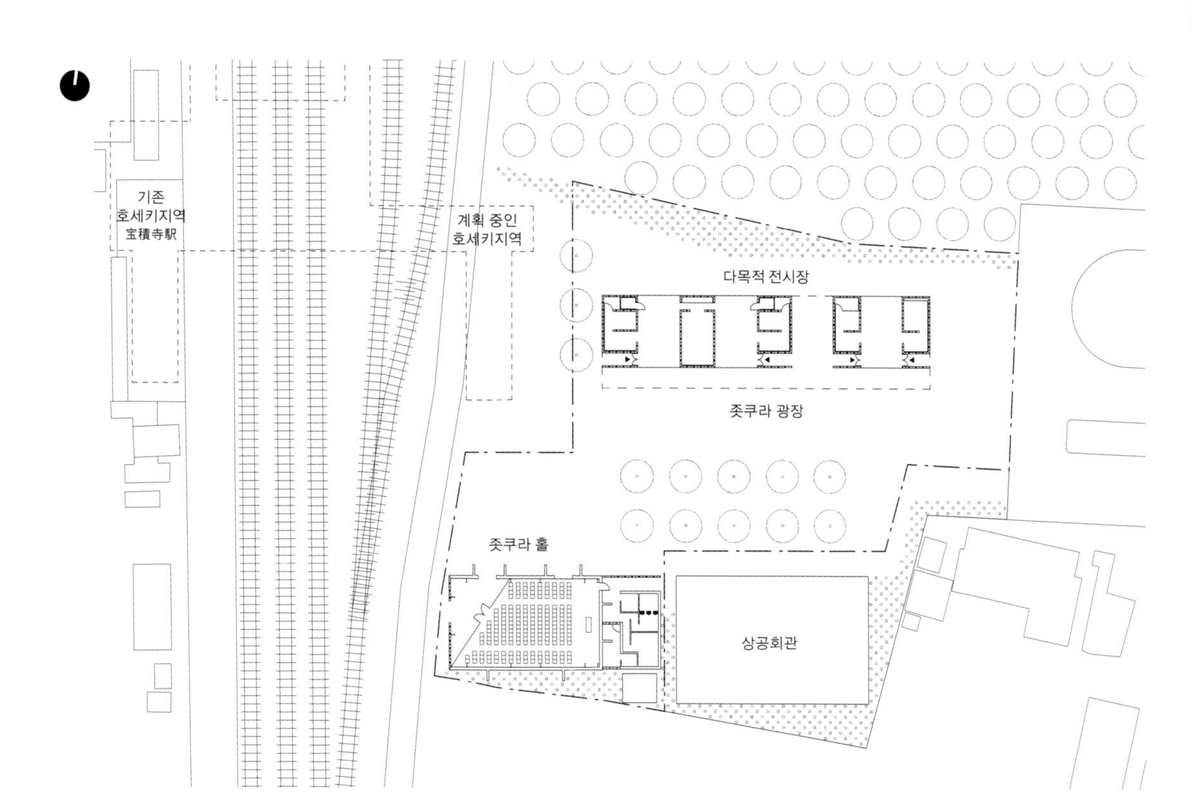

← 대곡석과 철판을 조합한 디테일

도와다 시민교류 프라자
Towada City Plaza

도와다十和田 시내의 중심 상가를 현지 삼나무로 시공하여 거슬거슬하고 따뜻한 건축으로 만들어 활기와 건강함을 주려고 했다. 거리를 건축 내부로 끌어들이고 내부화된 거리의 평면 계획도 지붕의 거슬거슬이 느껴지도록 구상했다. 삼나무 루버를 무작위로 붙여 외벽 전체에 거슬거슬한 리듬을 만들어냈다. 사진 속 거슬거슬한 실루엣이 남서쪽에 활기를 준다. 왼쪽 사진은 북동쪽 파사드.

어린이를 위한 놀이방 바닥은 삼나무를 층층이 쌓고 포개서 복슬복슬한 언덕 같은 형상으로 만들었다. 천장의 거슬거슬함과 바닥의 복슬복슬함이 건물 속에서 어우러지게 했다. 사진은 남서쪽에서 바라본 놀이방 모습.

북쪽에서 바라본 입구 홀. 커튼에도 거슬거슬한 주름을 주어 천장과 조응하고 있다.

다목적 연수실
소형 사무실
사무실
키친 스튜디오
놀이방
종합 안내
다목적 연수실
입구 홀
다다미방
다목적 연수실
전시실
부모와 아이가 어울리는 공간

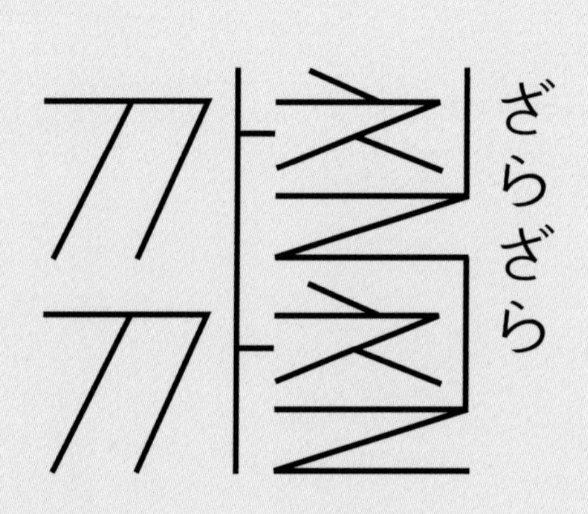
ざらざら

나는 물질의 표면이 까칠까칠한가 밋밋한가에 관심이 매우 많습니다. 입자와 입자 사이에 틈새가 충분한 상태, 즉 생물이 존재할 공간이 있는 상태가 띄엄띄엄입니다. 그 입자에 더 다가서면 입자 표면의 모양과 성질이 보입니다. 까칠까칠한가 밋밋한가가 보입니다. 까칠까칠하다는 것은 입자에 접근한 덕분에 줌인이 일어나 인식의 프레임이 전환하여 표면에 숨어 있던 더욱 미세한 입자가 시야에 들어오는 것입니다.

이는 표면에 접근했다고도 말할 수 있고, 나라는 주체가
더욱 작아져서 표면에 존재하던 더 작은 입자의 틈새를
인식했다고도 할 수 있습니다. 입자와의 거리,
입자와 주체의 대소 관계가 분간하기 힘들게 뒤얽혀
있는 것입니다. 게다가 주체가 입자에 접근했는지
멀어졌는지에 따라 까칠까칠한 느낌은 미묘하게 변합니다.
즉 크기와 거리와 속도는 독립된 변수가 아니라 상호성이
있습니다. 아인슈타인이 물질과 에너지가 독립된 변수가
아님을 발견한 것처럼 까칠까칠이라는 개념을 매개로
크기와 거리와 속도가 서로 융합해 있는 것입니다.

주체의 속도에 따라 물질이 주체에
대하여 다른 속도로 나타난다는 것을
내게 일깨워준 사람이 들뢰즈입니다.
물은 액체이지만 높은 곳에서
물로 뛰어내리면 물은 주체에 대하여
고체로 나타납니다. 액체 대 고체라는
대립조차 속도에 따라 융해해버리는
것입니다.

나아가 까칠까칠한 느낌에서

내가 주목하는 것은 물질과

그 틈새 기체나 액체 사이에 생기는

압력의 문제입니다. 물질이 내압이

높고 팽창하는 상태에 있는지,

아니면 틈새가 내압이 높고 물질이

응축하는지는 까칠까칠의 형상과

디테일에 따라 판단할 수 있습니다.

고대 그리스·로마에서 비롯된 고전주의 건축 스타일은
물질의 내압에 대하여 지극히 민감한 건축 양식이었습니다.
고전주의 건축은 도리스 양식이니 이오니아 양식이니 불리는
다섯 종류의 디자인의 기둥을 가려서 구사하여
건축에 독특한 캐릭터를 주는 시스템입니다. 그 다섯 종류의
기둥은 각각 고유의 단면 형상, 즉 까칠까칠한 느낌이
있습니다. 파르테논 신전의 기둥은 도리스 양식이라 불리는
단면 형상을 지니며 날이 있는 까칠까칠함이 있습니다.
반대로 이오니아 양식이라 불리는 기둥은 까칠까칠하기는
하지만 표면에 새긴 듯한 반전된 까칠까칠함을
가지고 있습니다.

도리스 양식은 물질의 내압이 높아서 생긴 까칠까칠입니다. 역으로 이오니아 양식은 틈새 쪽의 내압이 높아서 만들어진 까칠까칠입니다. 고전주의 건축은 기둥만이 아니라 기단이라 불리는 건축과 대지가 접하는 부분에서 다양한 종류의 까칠까칠이란 어휘를 가지고 있었습니다. 러스티케이션rustication•이라는 어휘는 물질 쪽 내압이 높은 것을 보여주고 있습니다. 돌이 폭발한 듯한 느낌입니다. 반대로 버미큐레이션vermiculation••이라는 디자인은 틈새 쪽 내압이 높은 것을 보여주고 있습니다. 틈새에 서식하는 벌레생물의 기운이 더 좋아 물질을 마구 갉아먹고 있는 압력 관계가 버미큐레이션으로 건축 속에 각인되는 것입니다.

• 표면을 거칠게 처리하는 기법

•• 애벌레가 잎을 갉아먹으며 지나간 자리처럼 구불구불한 선 모양

단순히 까칠까칠한지 밋밋한지의
문제가 아니라 까칠까칠의 종류가
문제입니다. 생물과 그 주위를
둘러싸고 있는 물질의 관계가
까칠까칠이라는 형태로 출현하는
것입니다. 간단히 말하면
틈새에 서식하는 생물의 원기가
까칠까칠한 표면에 각인되는 것입니다.

녹음 넘치는 도심 공원의 매화나무 숲에 녹아들 수 있는 빌라를 지었다. 네모난 박스형 건축이 매화나무 숲에 어우러지도록 그물망 형상의 반투명하고 모호한 파사드로 상자를 감쌌다. 사진은 북서쪽에서 본 모습. 히다 다카야마飛騨高山의 미장 장인 하사도 슈헤이挾土秀平가 스테인리스 그물망에 흙을 붙였다.

↑ 3층 침실의 남서쪽 모퉁이
← 남쪽 파사드

10×10센티미터의 격자형 스테인리스 그물망 세 장을 서로 다른 방향으로 포개서 파사드를 만들어 솜털이 난 생물의 피부 같은 깊이 있고 가뿐한 외벽을 만들려고 했다. 이 스테인리스 그물망에 흙이나 모래를 붙여 견고하고 만질만질한 스테인리스가 까칠까칠하고 덥수룩한 인상을 풍기는, 천 같은 것으로 변신했다. 천도 원래는 선이었지만 선을 직조함으로써 몸을 부드럽게 감싸는 3차원의 포근한 두께로 전환된다. 스테인리스에 흙을 붙여 까칠까칠하게 함으로써 선에서 두께로 전환이 일어났다.

1층 다실에서 본 북쪽 연못

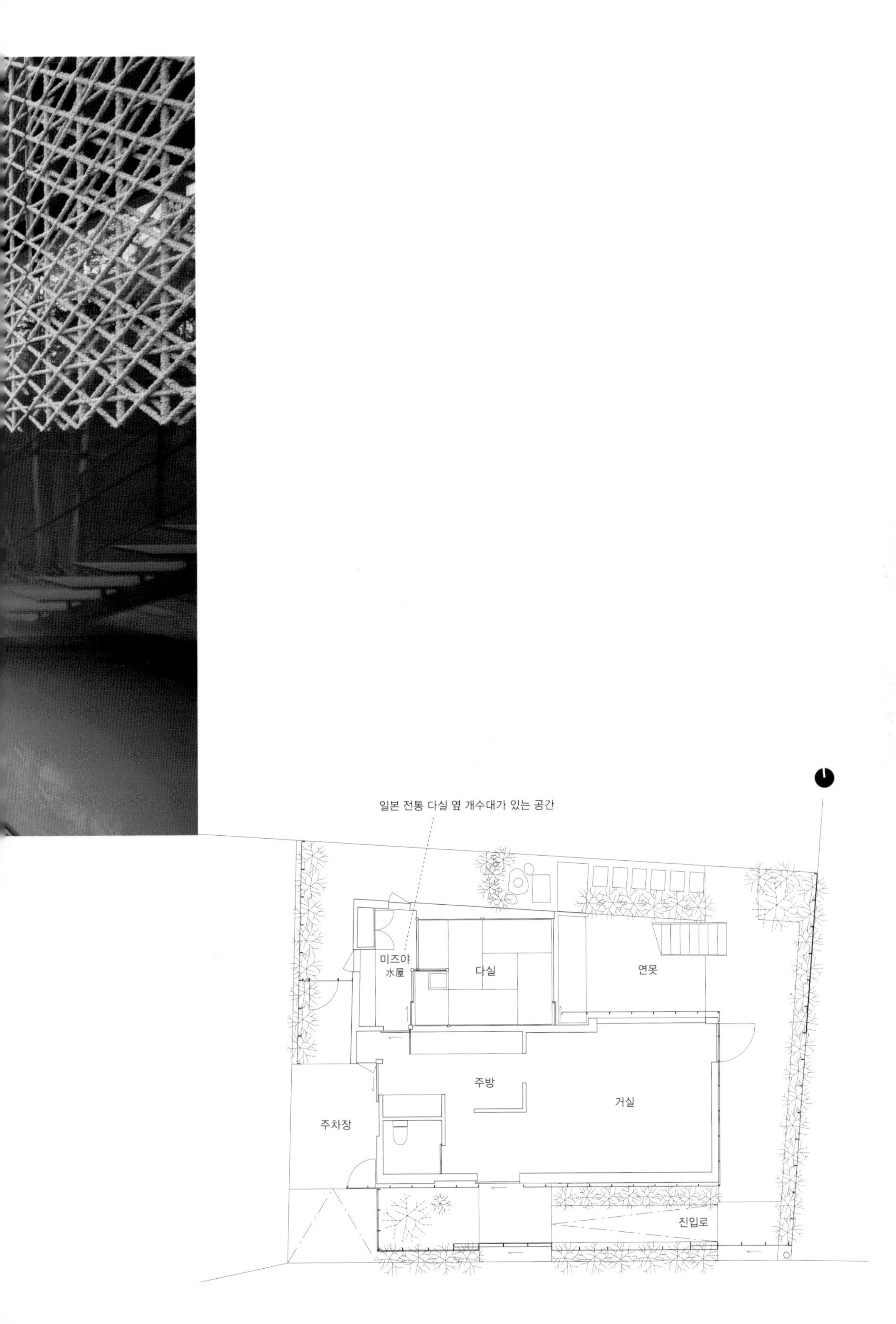

일본 전통 다실 옆 개수대가 있는 공간
미즈야
水屋
다실
연못
주방
거실
주차장
진입로

PC가든
PC Garden

태평양이 내려다보이는 절벽 위에 막대 모양의 프리캐스트 콘크리트precast concrete, pc를 결합하여 작은 빌라를 지었다. 절벽 위 대지로 커다란 유닛을 옮기는 것이 불가능함을 알고 작은 부재를 현장에서 결합하여 환경에 녹아드는 휴먼 스케일 빌라를 만들어냈다. 사진은 남동쪽에서 본 모습으로 화면 앞쪽과 뒤쪽은 모두 침실이다. 인테리어도 막대 모양의 부재로 까칠까칠하게 마감했다.

→ 건물 북쪽에 있는 입구. 밖에서 안으로 콘크리트 벽이 이어진다.
↓ 입구에서 본 모습

4종(폭이 85밀리미터와 135밀리미터, 두께가 180밀리미터와 220밀리미터)의 프리캐스트 콘크리트 부재를 PC강선으로 엮어, 크기가 서로 다른 막대 모양의 부재가 결합된 까칠까칠한 구조벽을 만들 수 있었다. 목조 주택의 송송송송하고 까칠까칠한 느낌과 정취를 프리캐스트 콘크리트라는 공업 소재로 만들어내는 일에 도전했다.

침실
세면소
세면소
입구
침실
세면소
세면소
침실
침실

욕실에서 본 남동쪽 모습. 바닥과 벽과 천장이 동일한 리듬으로 호응하고 있다.

중국미술학원 민예박물관
中国美術学院民芸博物館

항저우杭州 근교 차밭 언덕에 언덕의 완만한 단면 형상을 본떠 지형과 건축이 융화하는 박물관을 만들었다. 네모난 방이 아닌 삼각형이나 마름모꼴을 기본 평면 계획으로 해 지형을 픽셀화할 수 있었고, 나아가 전체적으로 바닥을 비탈지게 하여 언덕을 산책하는 예술 체험을 실현하였다. 현지 민가에 사용하던 기와를 스테인리스 와이어로 매달아 송송송송한 스크린을 만들었다. 지붕도 역시 삼각형의 복잡한 형상에 옛 기와가 멋지게 호응해주었다. 일정하지 않은 옛 기와의 크기와 색깔을 더욱 증폭시키는 듯한 디테일을 추구함으로써 매끈매끈하고 모던한 건축과는 대극적인, 까칠까칠한 인상을 얻을 수 있었다. 사진은 동쪽에서 본 모습. 높이를 억제한 지붕의 연속이 구릉의 지형과 어우러진다.

철저히 실재하는 옛 기와라는 물질을 이용하여 변화가 풍부한 지형과 다양한 자연을 균질화하지 않고 픽셀화하였다. 건축 표면이 까칠까칠할 뿐만 아니라 평면 계획과 단면 계획에서도 작은 단위가 어근버근 어긋나며 연결됨으로써 까칠까칠한 전체가 생겨났다. 맨 오른쪽 사진은 전시실에서 본 모습. 현지 민가에서 사용하던 기와를 스테인리스 와이어로 매달아 벽을 구성했다.

↑ 언덕을 산책하는 듯이 지그재그로 오르락내리락하는 전시 공간
→ 최상층 전시실에서는 막대기형 삼나무 판을 사용하여 거칠거칠한 벽면을 만들었다.

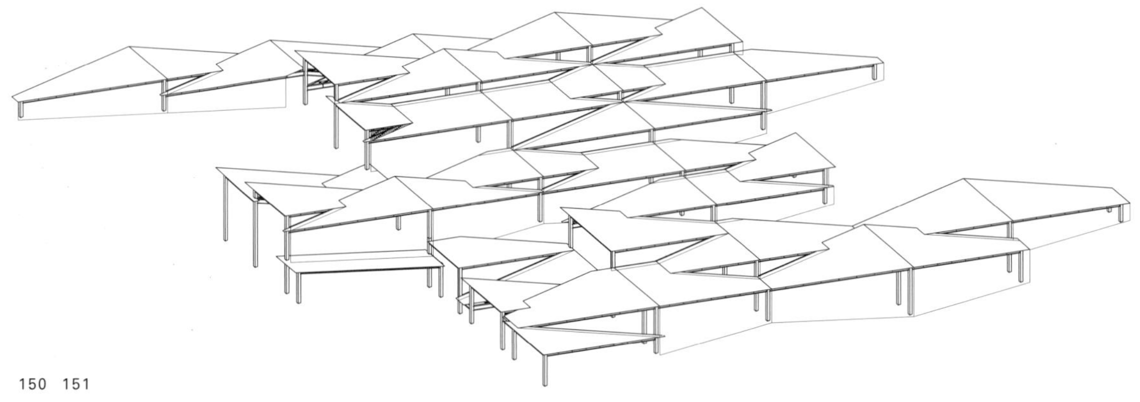

언덕 위에서 옛 기와를 얹은 지붕들을 내려다본 모습

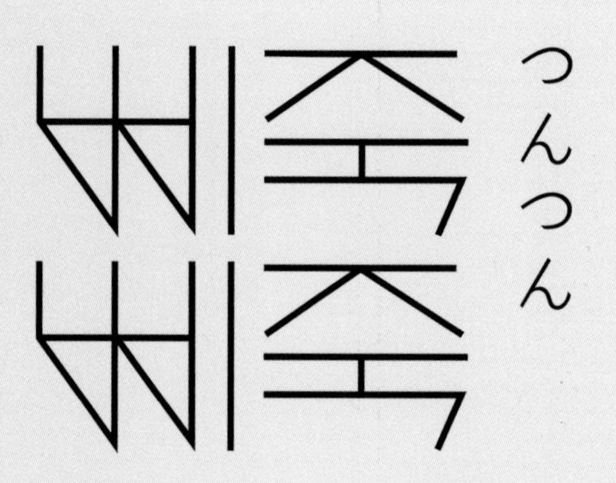
つんつん

까칠까칠의 내압이 높아지면
삐죽삐죽해지게 됩니다.
GC프로소뮤지엄 리서치센터,
스타벅스 다자이후텐만구
오모테산도점, 서니힐스 재팬 등의
파사드는 삐죽삐죽합니다. 나무라는
물질이 비등하여 당장이라도
폭발할 것처럼 되면 나무의
단면이 벽 바깥쪽으로 삐죽삐죽
뛰쳐나가는 것입니다.

'나무 건축'은 세상에 흔합니다. 그러나 나무가
질감의 하나로 추락하여, '나무'라는 벽지처럼 되어버려서
나무라는 생물이 발하는 내압을 느낄 수 있는 건축은
사라져버렸습니다. 나무는 생물입니다.
그 생물에서 나오는 압력이 제대로 느껴지는 건축이
일본에는 많았습니다. 대표적으로 처마를 받치는
두공이라는 디테일은 삐죽삐죽을 잘 나타냅니다.

삐죽삐죽 부분의 끝머리는 대개 하얗게 칠했습니다.
끝머리로 수분이 침투하는 것을 막기 위하여 그 부분에
조개껍질을 빻아 만든 하얀 분을 칠하는 기법이 전해지고
있습니다. 이 하얀 단면으로 삐죽삐죽한 느낌은
몇 배나 높아집니다. 나무라는 생물이 가진 힘을 어떻게
전할 것인가 하는 과제에 대하여 일본의 전통 건축이
내놓은 해답이었습니다.

GC프로소뮤지엄 리서치센터
GC Prostho Museum Research Center

히다 다카야마로 계승된 목제 장난감 지도리는 선線적 요소인 나무 막대기를 짜 맞춤으로써 3차원의 입체를 만들어내는 흥미로운 시스템이다. 선이 2차원인 면을 매개하지 않고 곧장 3차원으로 점프한다. 사진은 갤러리에서 남쪽을 본 모습. 50센티미터 각재로 짜 맞춘 격자 구조는 유리를 끼워 전시 케이스로도 사용된다.

↑ 결구의 디테일. 60밀리미터 각재 사용
← 동남쪽 벽면. 안팎을 모두 50센티미터 각재로 짠 입체 격자로 구성

이 프로젝트에서는 지도리 시스템을 발전시켜 6×6센티미터 소 단면의 목재를 못이나 접착제 없이 짜 맞춰 중규모 목조 건축을 만들었다. 목재 격자는 건물을 지탱하는 구조체인 동시에 박물관 전시 케이스의 격자이기도 하다. 위로 올라가면서 밀어내는 형상은 비를 피하기 위해 궁리한 것이며 목재의 삐죽삐죽 돌출된 끝머리를 보호하는 하얀 페인트 역시 목재를 보호하기 위한 처리이다.

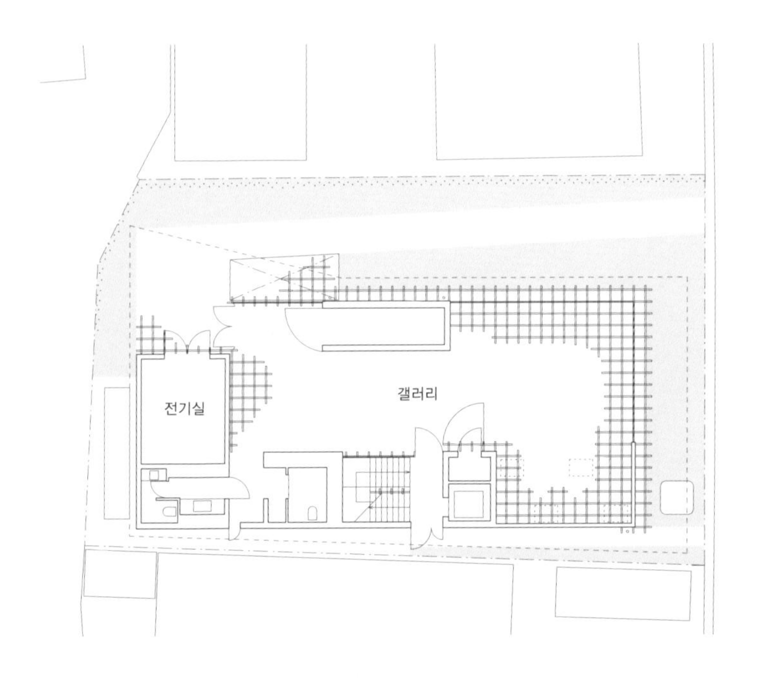
전기실
갤러리

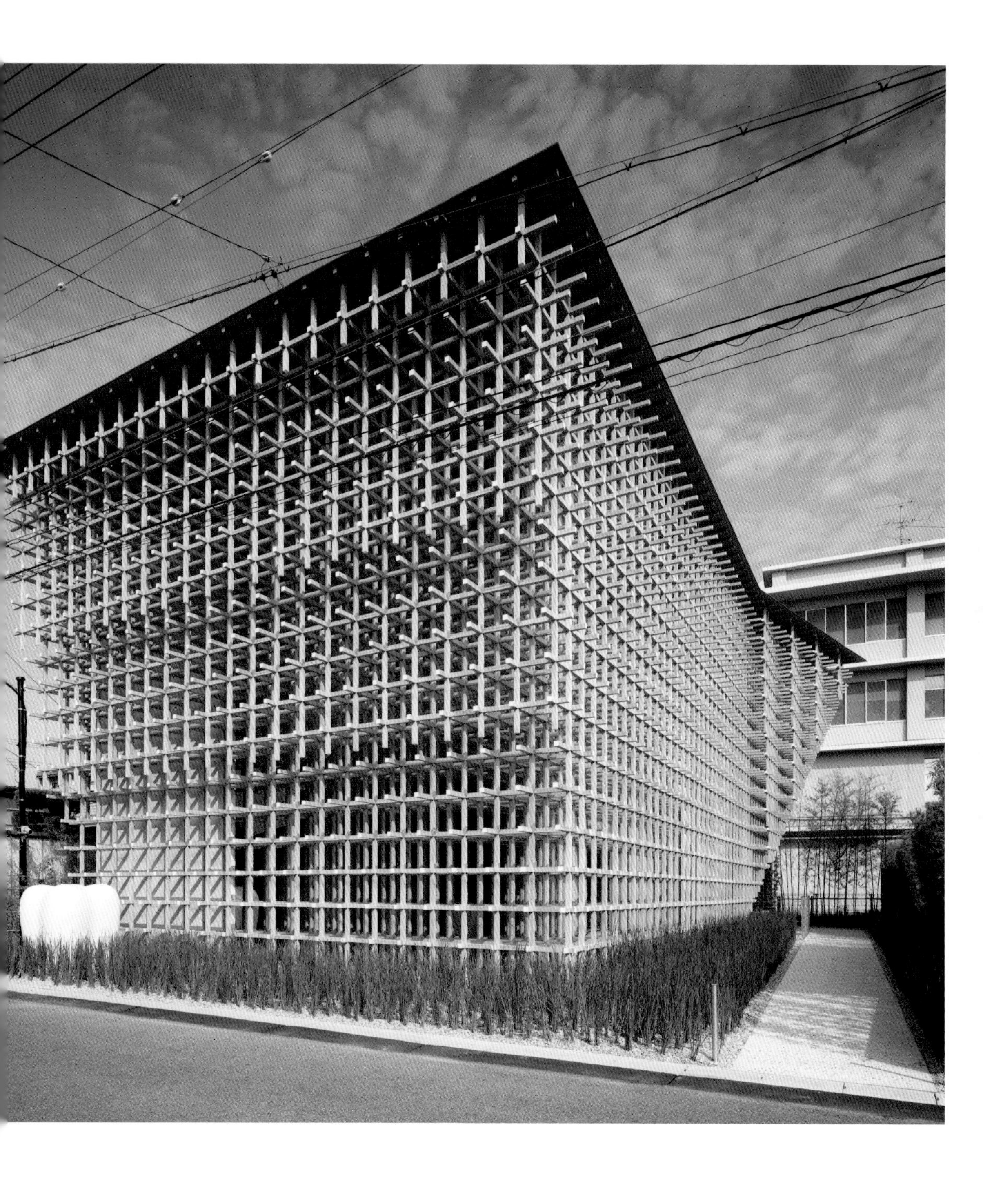

일본 전통 목조에서 재료의 끝부분을 강조해서 나타내는 삐죽삐죽한 인상이 구조체에 경쾌한 인상을 준다. 압축과 휨의 강도 실험을 실시하여 일본의 전통적인 장난감 시스템, 즉 지도리기 '높이 10미터의 커다란' 건축에도 적용할 수 있음을 확인했다. 삐죽삐죽 계열의 작품은 이후 다자이후텐만구 오모테산도에 있는 스타벅스를 거쳐 서니힐스 재팬으로 전개된다. 사진은 동쪽에서 본 모습. 상부로 갈수록 결구 구조가 점점 돌출됨을 볼 수 있다.

스타벅스 다자이후텐만구 오모테산도점

Starbucks Coffee at Dazaifutenmangu Omotesando

비교적 가느다란 6센티미터 각재를 비스듬하게 결구한 그물(망) 형태의 구조로 나뭇가지로 된 동굴 같은 부드럽고 까칠까칠한 공간이 완성되었다. 각재 끝머리를 삐죽삐죽하게 침으로써 나무가 본래 기진 거슬거슬한 질감을 더 증폭시킬 수 있었다. 대각선의 기하학적 구조가 공간 전체를 지배함으로써 직교 격자로는 얻을 수 없는 계곡물의 흐름 같은, 와글와글 거품이 이는 공간을 만들어냈다. 사진은 야경으로 조명구의 단면 역시 동일한 6×6센티미터 크기이다.

STARBUCKS COFFEE

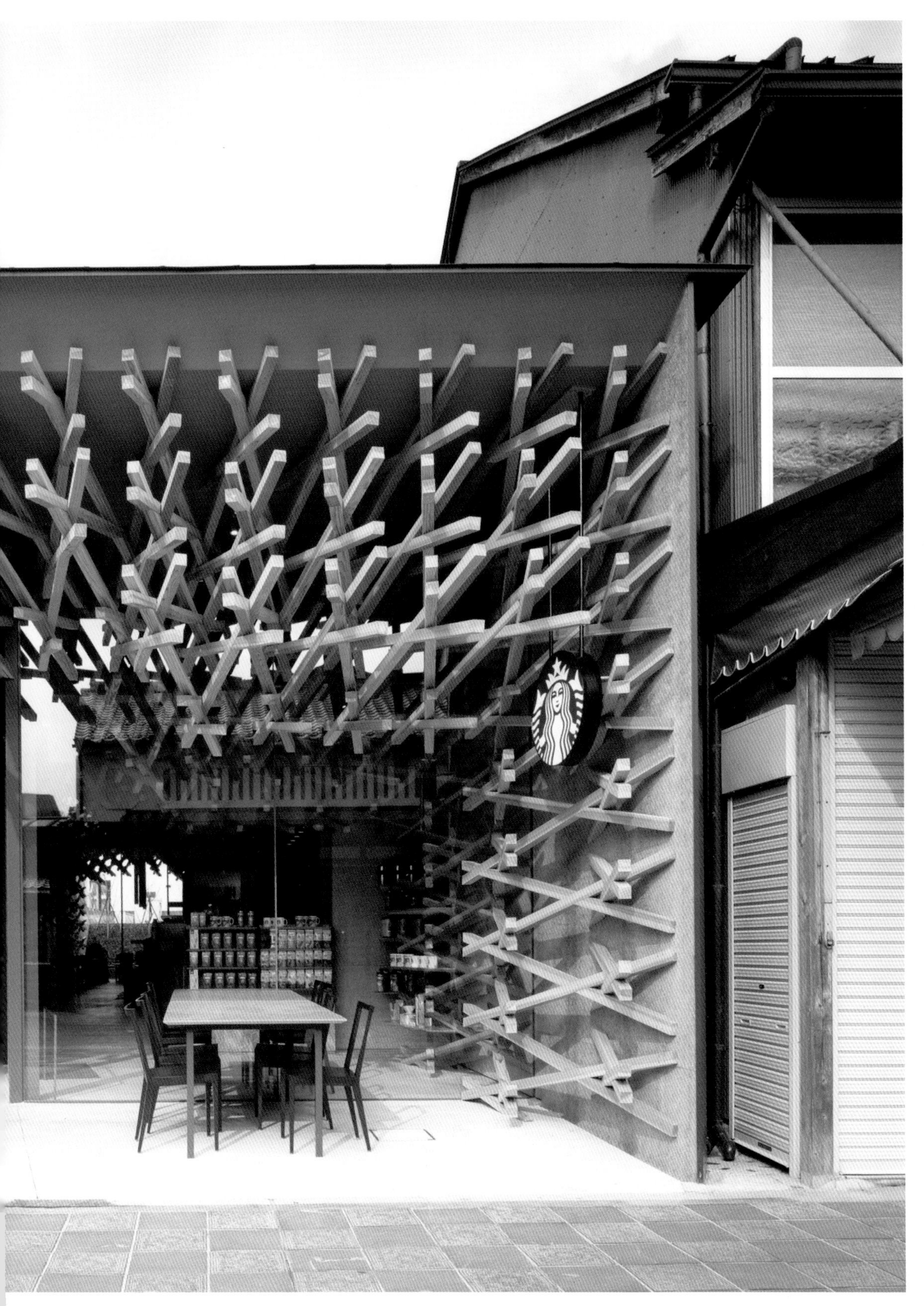

남쪽에서 본 모습으로 대지 길이는 약 40미터

→ 점포 안쪽에서 남쪽을 본 모습. 나무를 비스듬하게 결구한 시스템이 공간에 흐름을 만들어 안쪽까지 사람을 끌어들인다.
↓ 6센티미터 삼나무 각재가 약 2,000개 정도 사용되었다.

TANZANIA

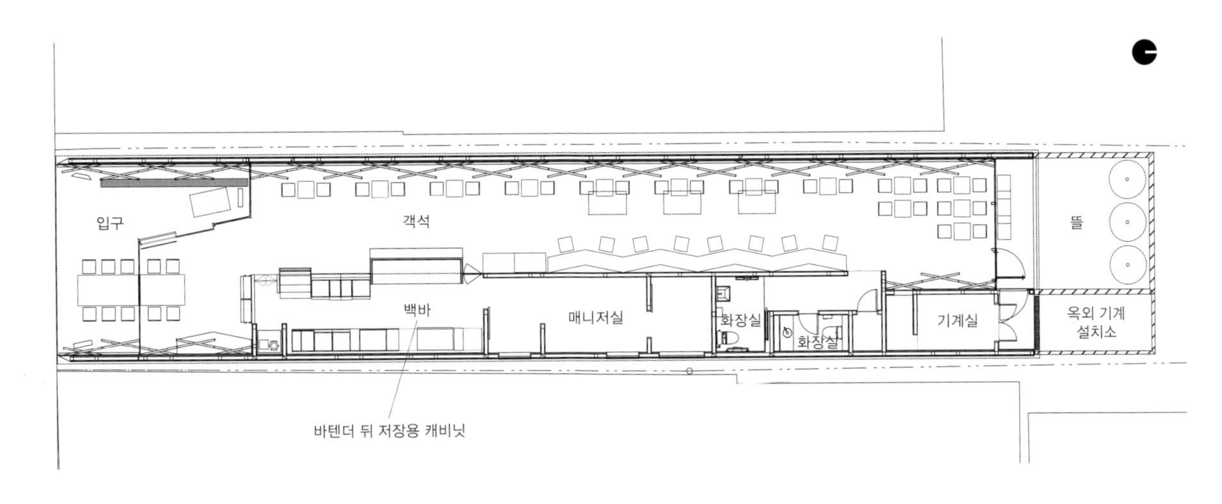
입구
객석
뜰
백바
매니저실
화장실
화장실
기계실
옥외 기계
설치소
바텐더 뒤 저장용 캐비닛

서니힐스 재팬
Sunny Hills Japan

일본 목조 건축에 계승되는 '지고쿠구미地獄組み'라는 결구 방식으로 6×6센티미터의 가는 각재를 짜 맞추어 투박한 대바구니 같은 구조를 만들었다. 각재 끝머리를 공중에 삐죽삐죽 돌출시킴으로써 건축 실루엣이 모호해져 도쿄 아오야마青山 주택가에 작은 숲이 생겨났다. 삐죽삐죽하게 절단한 것은 이 구조가 결론이 정해져 있지 않은 유기적이고 유연한 시스템임을 암시한다. 사진은 동남쪽 파사드로 지고쿠구미를 3차원적으로 짜 맞춰놓았다. 파인애플 케이크 가게로 쓰이는 실내는 북슬북슬하고 두께 있는 구조체를 투과한 햇빛이 마치 숲속의 나뭇잎 사이로 비껴드는 것처럼 가득 차 있다.

2층 내부. 햇빛이 마치 숲속의 나뭇잎
사이로 비스듬히 들어오는 듯하다.
가구에도 6센티미터 프레임을 사용하여
건축과 동일한 시스템으로 짜 맞추었다.

→ 계단실이 있는 건물 남쪽 부분. 옥상 테라스는 인공 숲속에 자리 잡고 있다.

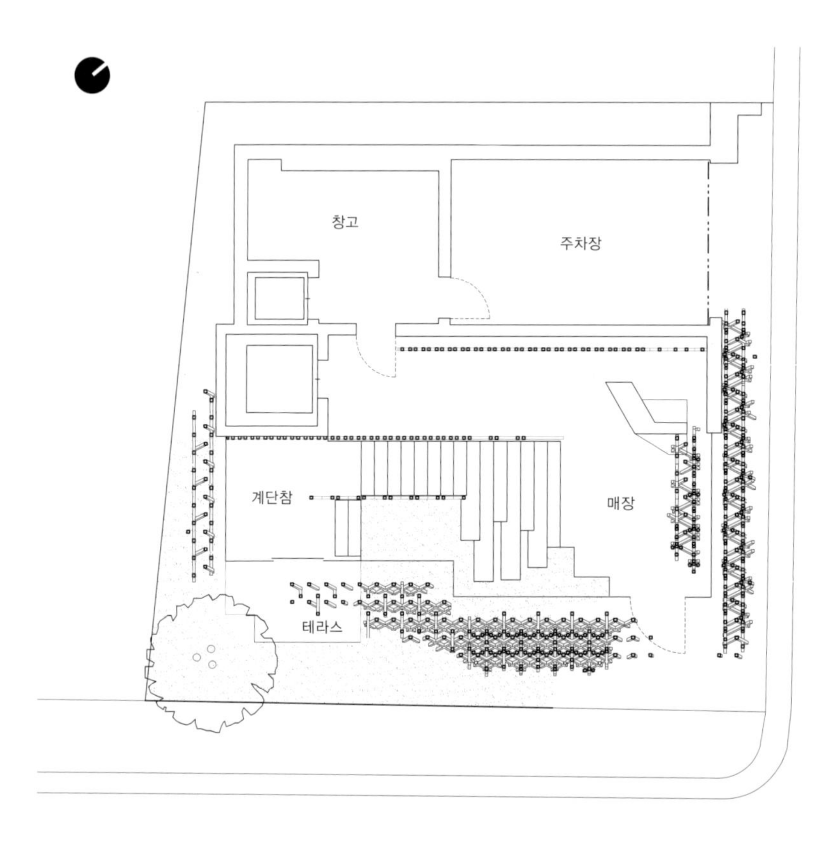

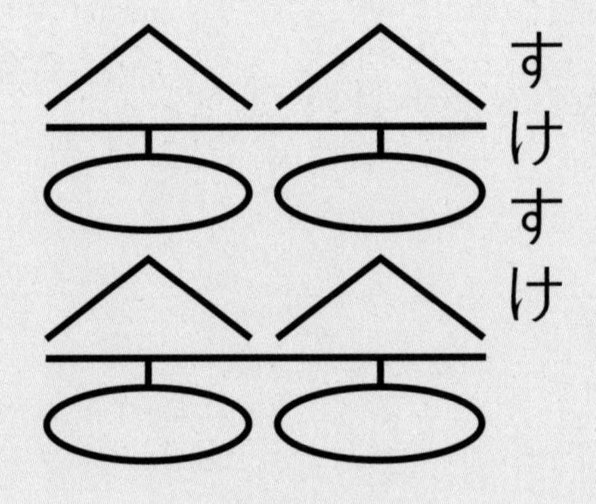
すけすけ

투명함과 숭숭숭숭은 다릅니다. 콜린 로Colin Rowe, 1920-1999는 매우 지적인 방법으로 투명성을 실재 투명성과 허위 투명성으로 나누었습니다. 로는 유리 같은 투명 소재로 얻을 수 있는 것이 실재 투명성이며 꼭 투명한 소재를 이용하지 않더라도 막layer 형상으로 구성된 공간만 인식시킬 수 있다면 공간에 투명성을 부여할 수 있다고 지적하고 이를 허위 투명성이라고 했습니다.

그는 이탈리아 매너리즘 건축가 안드레아 팔라디오
Andrea Palladio, 1508-1580의 석조 주택 평면도를
인용하면서 허위 투명성이 무엇인지 설명하고,
그 허위 투명성이 코르뷔지에의 콘크리트 주택에서도
이루어지고 있다면서 투명성은 소재에 의존하지 않는다고
주장한 것입니다. 나는 로보다 한걸음 더 나가서
투명감이라는 것이 바닥이라는 수평 기준면의 유무와
관련된 개념이라고 생각하게 되었습니다.

이런 생각의 바탕이 된 것은 어포던스 이론입니다.
생물은 수평면을 이용하여 물체의 원근을 가늠한다는 것이
어포던스 이론의 중요한 발견입니다. 생물은 일단
수평 기준면을 발견하면 기준면 어디에 물체가
놓여 있는지 보고, 그에 기초하여 원근을 판단합니다.
원근이란 좌우 눈동자의 시각 차이를 이용한 입체시로
측정되는 것이 아니라 수평면지면, 바닥 혹은 천장 상의
위치address라는 겁니다. J. J. 깁슨은 실험으로
이를 증명했습니다.

숭숭숭숭에서도 중요한 것은 유리냐

아니냐 하는 소재가 수평 기준면을

잘 만들 수 있는지의 여부입니다.

그것을 '숭숭숭숭하게 되었다'

'숭숭숭숭하지 못하다'라는 의태어로

표현합니다.

코르뷔지에로 대표되는 모더니즘은
가로로 연결된 창연창을 중시했지만,
나는 오히려 창을 바닥이나 천장까지
세로 방향으로 늘이는 것을 중시합니다.
그렇게 하면 내부 바닥천장과
외부 바닥천장, 지면이 연결되어 수평
기준면이 확고하게 구축되므로 사물의
원근감 측정이 쉬워지고 따라서
숑숑숑숑이 되는 것입니다.

글라스/우드 하우스
Glass/Wood House

조 블랙 리Joe Black Leigh가 직접 설계한 뒤 1956년 미국 코네티컷 주 뉴캐넌에 지은 자택을 개수하고 유리로 마감한 새로운 동을 증축했다. 뉴캐넌 대지는 미드센추리모던mid-century modern의 성지로도 불리는 숲에 있는데, 필립 존슨이나 마르셀 브로이어Marcel Breuer 등이 설계한, 유리로 마감한 아름다운 모더니즘 건축이 많이 남아 있다. 특히 이 대지에서 1킬로미터 떨어진 숲에 있는 존슨의 '글라스 하우스'는 그 압도적 투명성으로 20세기 건축에 큰 영향을 끼쳤다. 사진에서 왼쪽은 개수한 부분, 오른쪽은 증축 동, 그리고 오른쪽 끝(증축 동 북서쪽 부분)은 식당이다. 증축한 동은 가는 기둥을 받쳐 숲속에 녹아들도록 했다.

→ 경사지 위에 떠 있는 식당. 들보 구조의 지붕을 플랫 바 기둥이 지탱한다.
↓ 증축한 동과 개수한 부분을 연결하는 복도

존슨 등이 건축한 빌라가 기본적으로 숲속의 자율적 박스이고 팔라디오 빌라Palladian Villa의 20세기 판이었다면, 이 프로젝트에서는 L자형 평면을 만듦으로써 공간을 절반만 에워싸고 숲과 건물 사이에는 팔라디오 빌라에 없는 친밀하고 느슨한 관계를 만들어냈다. 신축 동에서는 3×6인치 철제 플랫 바 기둥 위에 목조 장선長線 구조의 지붕을 얹고, 이러한 일련의 혼합 구조를 통해 목조 지붕과 주변 숲을 어울리게 했다. 차양이나 툇마루를 닮은 발코니의 형태도 숲과 건축을 친밀하게 융화시키려는 궁리였으며, 존슨의 글라스 하우스의 단단한 유리 벽과는 대조적인 느슨하고 숭숭숭숭한 느낌이 생겨났다.

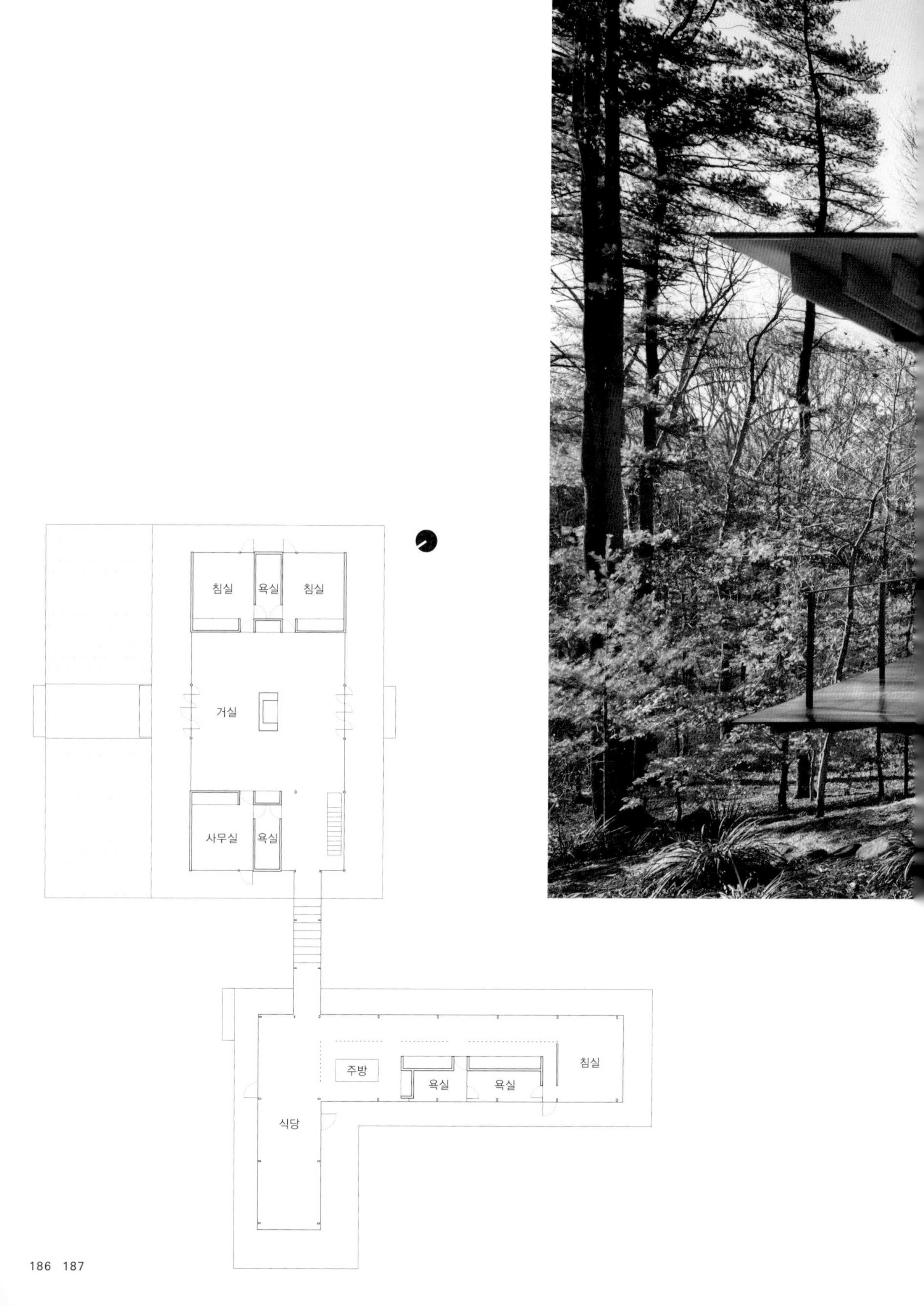
침실
욕실
침실
거실
사무실
욕실
주방
욕실
욕실
침실
식당

증축 동 남서쪽에 있는 침실. ㄴ자형 평면의 증축 동은 차양뿐 아니라 발코니도 크고 얇게 달았다.

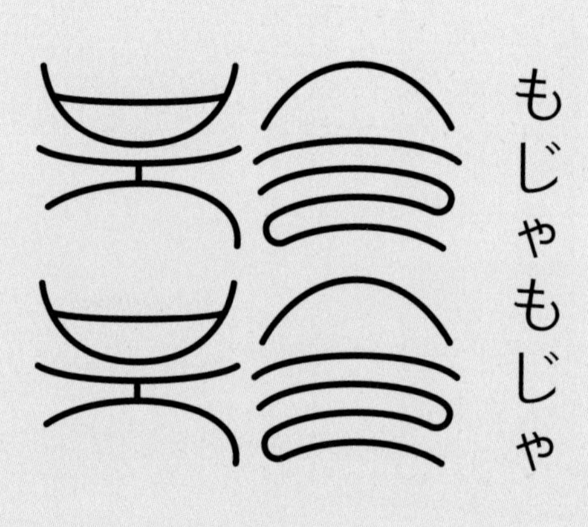
もじゃもじゃ

까칠까칠도 첩첩첩첩도 부족해서 철저히 부드럽고 따뜻하게
만들고 싶을 때 북슬북슬하게 합니다. 가늘고 긴 막대
모양의 입자가 부드러워지고 끈이 되고 마침내 서로
얽혀서 틈새가 탁해지는 상태가 북슬북슬입니다.
끈과 끈이 직조된 상태도 북슬북슬이지만 직조 패턴,
즉 기하학적 형태가 겉으로 지나치게 드러나버리면
북슬북슬이라는 말에서 느껴지는 일정하지 않은 부드러움이
퇴색되고 맙니다.

19세기 가장 영향력 있던 건축 이론가
고트프리트 젬퍼는 비서구의 원시적
주거를 관찰한 다음 건축을 흙·불·직조
작업의 셋으로 분류하며 건축이라는
행위의 본질을 말했습니다. 젬퍼는
본질적으로 골조structure 작업과
표면 작업이 입자라는 작은 재료를 짜
맞추어나가 커다란 전체에 도달한다는
점에서 동일한 작업이라고 했는데
그의 정의는 여전히 신선합니다.
젬퍼에게 건축은 뜨개질이며 의복을
만드는 것과 같은 일입니다. 골조와
표면을 분절하거나 분리하는 것을
가장 중시했던 20세기 모더니즘보다
젬퍼의 통합 이론이 나에게는
더 현대적으로 느껴집니다.

그러나 건축의 구조를 세세하게
분석해가다 보니 골조와 표면의
분절은 상상 이상으로 모호함을
알게 되었습니다. 일본 전통
목조 건축을 조사해보니 건물은
기둥만으로 지탱되지 않고 기둥 사이의
틈새를 매운 대나무발이나 흙벽이
구조적으로 중요한 역할을 한다는
것을 알았습니다.

생물의 신체도 마찬가지여서 신체는 구조적으로 뼈로만 지탱되는 것이 아니라 근육이나 힘줄이나 피부도 큰 역할을 합니다. 직조된 전체가 '왠지 모르게' '자연스럽게' 지탱하고 있는 것입니다.

건축이 기왕 그렇게 느슨한

직조물이라면 씨줄과 날줄을 사용하는

인공적 직물을 뛰어넘어 좀 더

자유롭게 북슬북슬하게

만들어야겠다고 작정하고 있습니다.

나그네를 위한 쉼터 유스하라
まちの駅「ゆすはら」

고치현 유스하라의 호텔로 마을이 운영한다. 유스하라에는 띠 지붕을 올린 '차당茶堂'에서 나그네에게 차를 대접하는 관습이 있으며 지금도 차당이 열세 개 남아 있다. 그 전통을 모티프로 2×1미터 크기의 띠 블록을 만들고 그것을 비늘처럼 겹쳐서 북슬북슬한 외벽을 만들었다. 사진은 동쪽에서 본 모습으로 옛날 사카모토 료마坂本竜馬가 고치현을 떠나 우와지마宇和島로 향할 때 이 산길을 지나갔다.

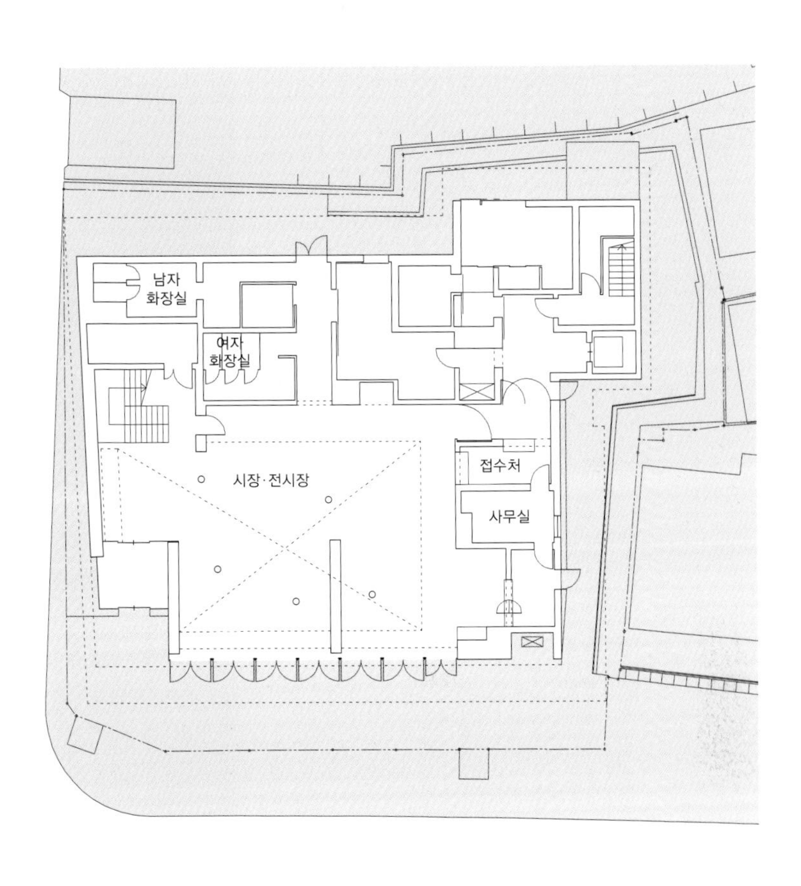

단열 기능이 있는 띠로 지붕을 얹은 옛 민가의 다락방처럼, 내장재를 시공하지 않고 실내 쪽으로 띠를 노출시켜 실내 역시 북슬북슬한 공간이 되었다. 200×98센티미터의 띠 블록은 중심에 수평축이 꿰어져 있어 블록을 회전시켜 자연 환기를 할 수 있다.

센싱 스페이스
Sensing Spaces

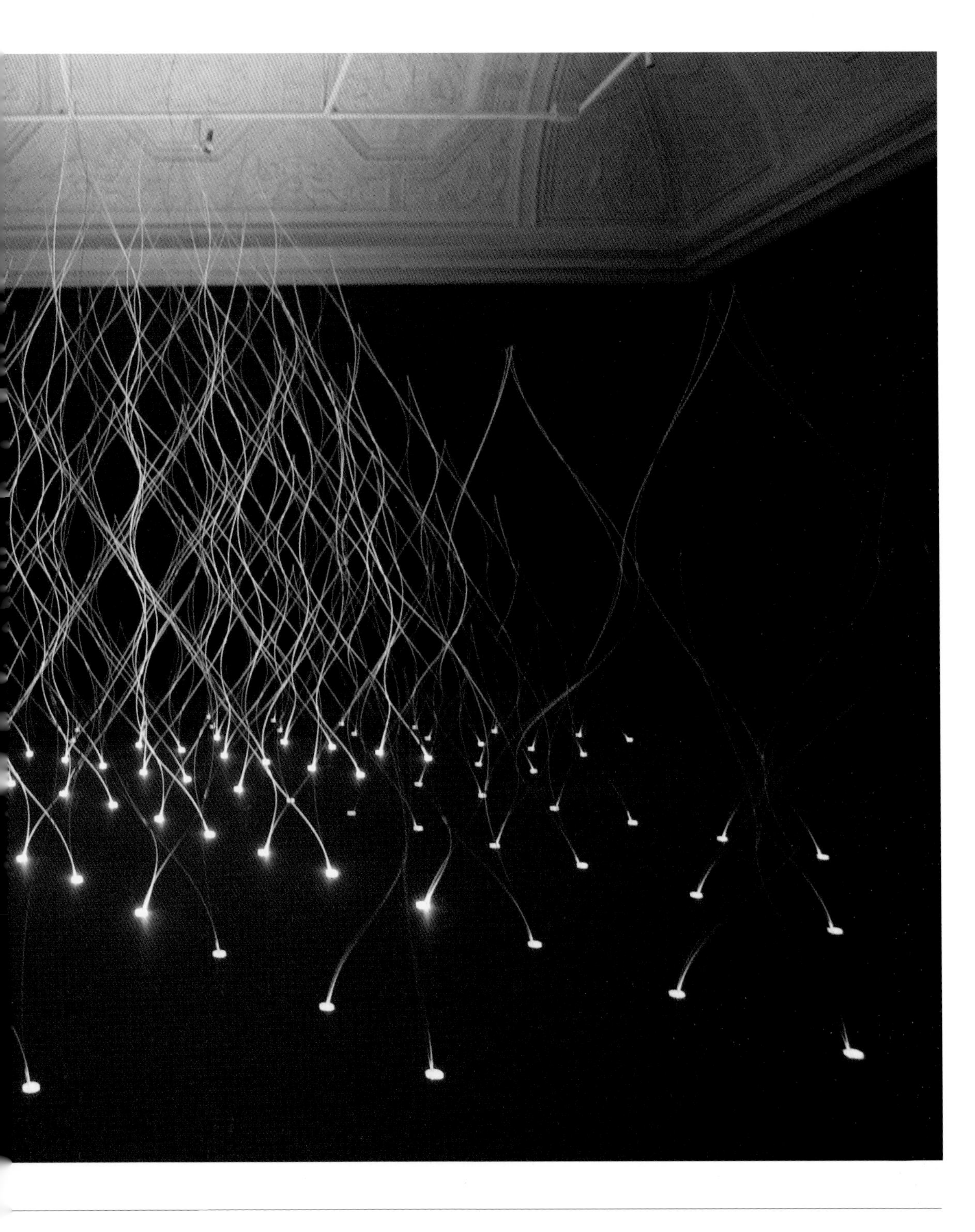

2014년 런던 로열아카데미오브아츠Royal Academy of Arts에서 열린 〈센싱 스페이스〉 전을 위한 설치. 최소한의 물질로 인체에 최대의 효과를 주려고 시도했다. 직경 4밀리미터의 대오리를 입체적으로 엮어 북슬북슬하고 느슨하며 모호한 상태를 만들었다. 이 대오리는 바닥에 놓인 향료 액체가 담긴 유리병에 꽂혀 있다. 대오리를 통해 액체가 상승해 공중에서 확산되어 공간 전체가 향으로 가득 찬다. 향료는 파빌리온 별로 노송나무와 다다미 향을 택하여 두 개의 북슬북슬한 공간을 만들었다. 열 수축 수지로 만든 작은 튜브에 대오리 두 가닥을 끼우고 드라이어로 열을 가하여 고정했다. 북슬북슬한 구조체에 어울리는 부드럽고 움직임에 호응하는 조인트 시스템이다.

뎃장
てっちゃん

도쿄 기치조지吉祥寺역 앞에 전쟁이 끝난 뒤의 암시장 분위기를 전하는 신기한 골목 '하모니카 요코초ハーモニカ横丁'가 숨어 있다. 그 골목 중간쯤에 있는 작은 꼬치구이 집의 인테리어를 디자인했다. 벽, 천장, 조명에서 가구에 이르기까지 못 쓰게 된 랜케이블과 아크릴 폐자재를 녹여 만든 아크릴 경단이라는 두 종류의 재활용 자재를 철저히 이용해 북슬북슬한 공간을 만들었다. 그러자 형태가 사라지고 물질감과 색채만이 부유하기 시작했다. 사진은 아크릴 경단으로 만든 1층 테이블과 의자.

SAME DAY
SOFT-SAKI IKA
No. 69
PERILOUS
TRAPS

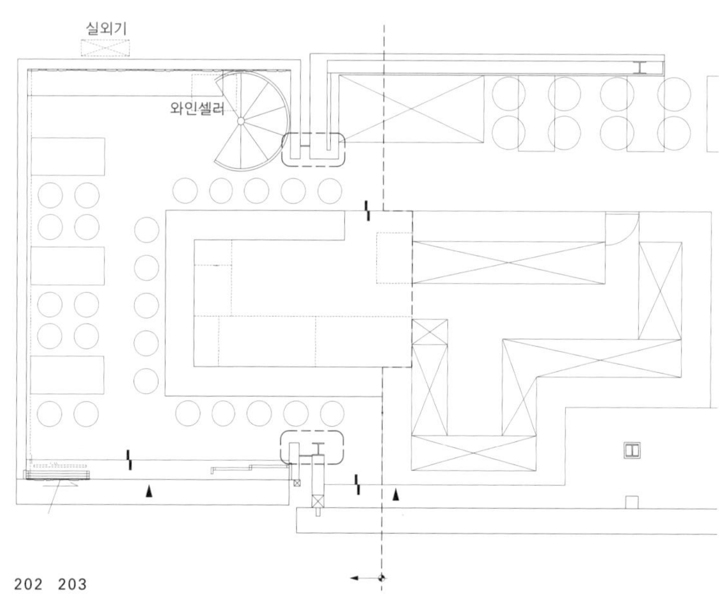
실외기
와인셀러

1층 벽화는 만화가 유무라 데루히코湯村輝彦의 작품

2층에는 랜케이블로 만든 북슬북슬이 도처에 매달려 있다.

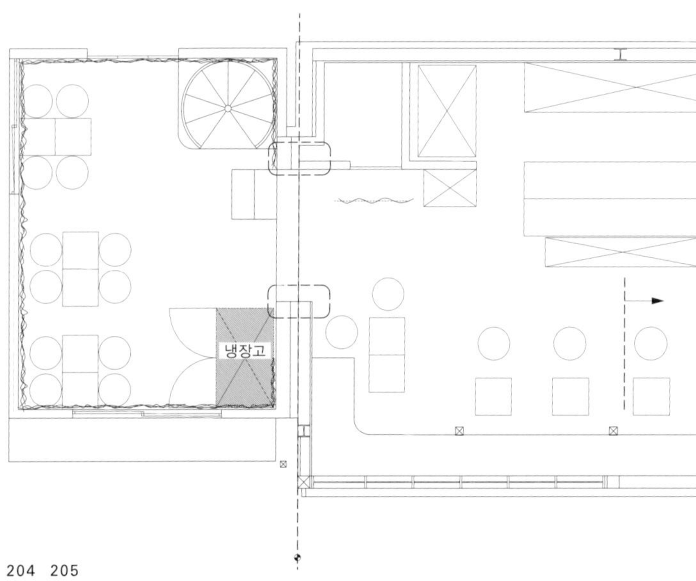

북슬북슬이라는 인테리어는 ‘청결한 인테리어’에 대한 하나의 비평이다. 제2차 세계대전 후 미국이 ‘청결’이라는 인테리어를 일본에 가지고 들어왔다. 패밀리 레스토랑과 패스트푸드는 ‘청결’의 극치라 먼지가 쌓일 수가 없다. 북슬북슬은 그 자체가 ‘먼지’이므로 청결하게 할 길이 없다.

ぺらぺら

생물은 위협받는 것을 싫어합니다.
위압하는 물질을 좋아하지 않습니다.
입자를 가볍고 부드럽게 하여 생물에 대한 위압감[압박]을 제거하려고 할 때 선 형태로 풀면 끈이 되어 북슬북슬이 나타나고 면 형태로 풀면 팔랑팔랑이 나타났습니다.

종이나 ETFE처럼 지극히 얇은 소재를 이용해 팔랑팔랑한 느낌을 내는 데도 흥미가 있지만, 크고 무겁다고 여겨지던 돌이나 콘크리트라도 시공을 잘 궁리하면 팔랑팔랑함을 느끼게 할 수 있습니다. 얇은 소재를 사용하고도 위압감을 주는 건축은 헤아리기 힘들 만큼 많습니다. 경제성을 위해 얇은 소재를 쓰면서도 무리해서라도 중후하고 위압적인 건축을 만드는 것이 현대 건축의 전형적인 발상입니다.

위압감 없는 부드러운 건축을
만들고자 할 때 테두리 부분이 얼마나
얇은지가 중요합니다. 테두리만 얇으면
중심부가 두터운 건축이라도
생물의 신체는 전체적으로
팔랑팔랑하고 위압감 없는 것으로
받아들입니다. 마음을 놓습니다.

카살그란데 세라믹 클라우드
Casalgrande Ceramic Cloud

이탈리아 북부 레지오 에밀리아Reggio Emilia의 로터리에 서 있는 조형물. 유럽에서 타일 생산의 중심지로 알려져 있는 이곳의 타일을 이용하여 도시의 특성을 보여주는 조형물을 만들었다. 대개 타일을 이용한 조형물은 안토니오 가우디Antonio Gaudí의 건축물처럼 콘크리트 위에 마감재로 타일을 붙여 묵직하게 된다. 여기서는 타일의 강도를 측정하고 타일 자체를 구조로 이용하여 구름처럼 팔랑팔랑하고 숭숭숭숭하며 투명한 조형물을 만들었다. 날줄로 18밀리미터 스테인리스 파이프를 쓰고, 씨줄로 60×120센티미터에 두께가 14밀리미터인 타일 1,052개를 이용했다. 조형물의 전체 길이는 45미터다. 타일이 모두 얇을 뿐만 아니라 조형물 전체의 테두리도 얇게 처리하여 조형물에 접근할 때 한 가닥의 날줄로 보인다. 빛의 각도, 시각, 계절에 따라 타일의 각도를 변화시킴으로써 세라믹 클라우드는 전혀 다른 존재가 되어 이탈리아 전원 풍경 속에 출현한다.

마르세유
현대미술센터
FRAC
Marseille

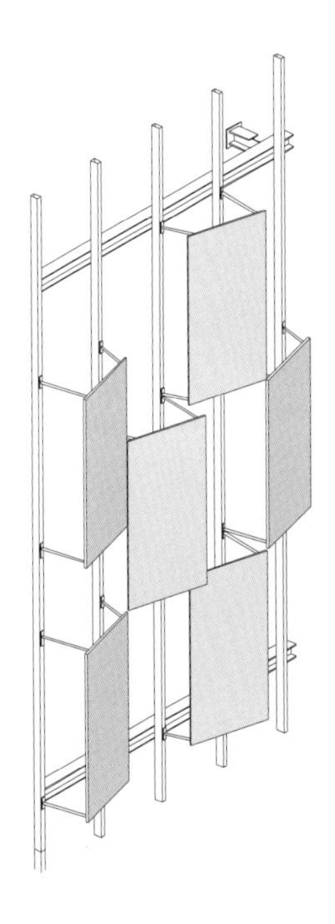

기성 미술관을 해체해 지역 주민에게 개방하고 지역을 활성화하는 문화시설을 만들 목적으로 1982년 프랑스 정부가 설립했다. 23개 도시에 거점을 두고 프랑스 문화의 새로운 운동을 이끌고 있다. 마르세유에 젊은 예술가들이 생활하고 제작하고 전시하기 위한 공간이 필요하다고 하여 '미술관 = 닫힌 상자'라는 이미지를 해체하는 작업에 도전했다. 유백색 에나멜 글라스의 팔랑팔랑한 패널로 건축 전체를 덮었다. 흩어놓듯 송송송송 배치된 패널들 틈새로 상쾌한 지중해 바람이 건물로 불어든다. 왼쪽 사진 파사드에 에나멜 글라스가 미묘하게 다른 각도로 부착되어 있음을 볼 수 있다. 위쪽 사진은 테라스에서 본 동쪽 방향. 에나멜 글라스가 지중해의 강한 빛을 확산한다.

FRAC

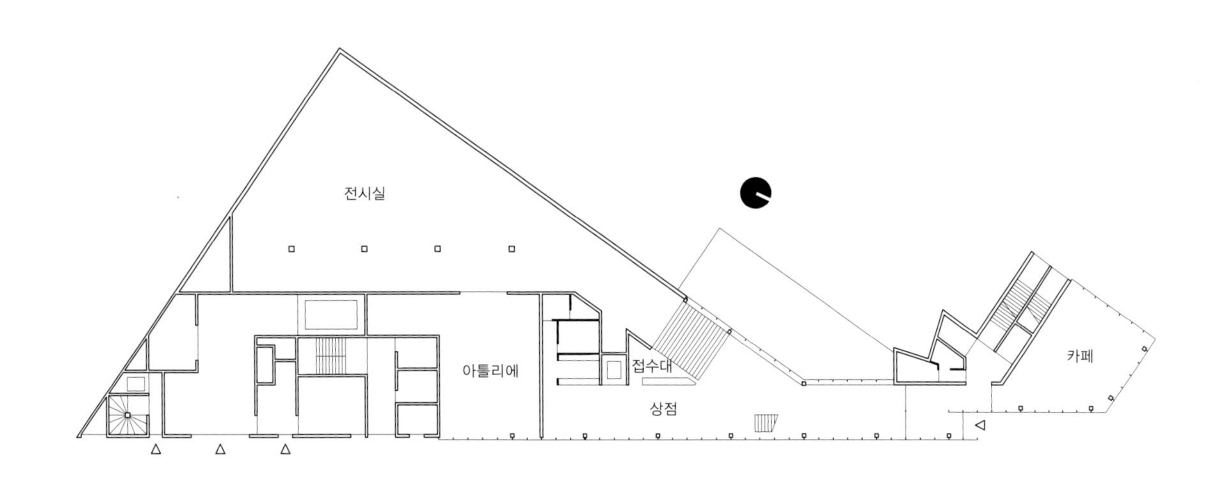

마르세유 골목을 입체화하여 아파트, 아틀리에, 공중 정원 등의 복합 기능을 골목에 부여했다. 마르세유에 있는 르 코르뷔지에가 설계한 유니테 다비타시옹의 입체 골목을 참조하되 골목을 빙글빙글 나선상으로 상승시킴으로써 시내의 골목과 건축 속의 골목을 매끄럽게 연결했다. 사진은 북쪽에서 본 모습. 두 도로 사이 삼각형 대지에 건축물이 서 있다.

엑상 프로방스 음악원
Aix-en-Provence Conservatory of Music

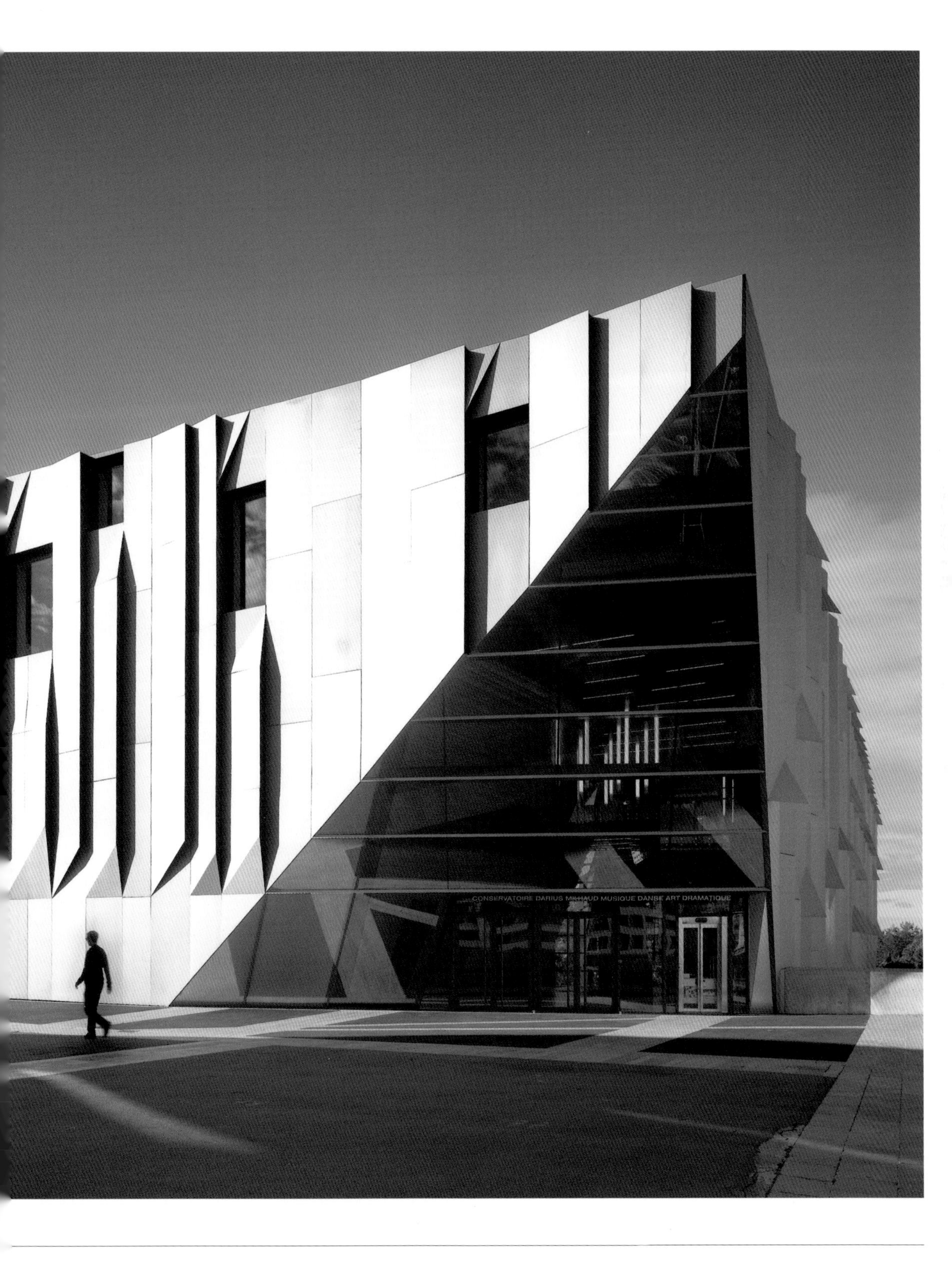

남프랑스 엑상 프로방스시의 구시가지 변두리에 있는 음악원과 콘서트홀 복합 시설. 도시 변두리 특유의 다양한 주변 환경에 민감하게 반응하도록 파사드 전체를 알루미늄이라는 동일한 소재로 덮었다. 각 입면마다 접는 방식을 다르게 해, 즉 서로 다른 요철을 줌으로써 빛을 받아들이는 모양과 전망을 포착하는 양상을 조정했다. 사진은 주 출입구 북쪽 코너로 외벽의 요철이 빛과 그늘의 주름을 만든다.

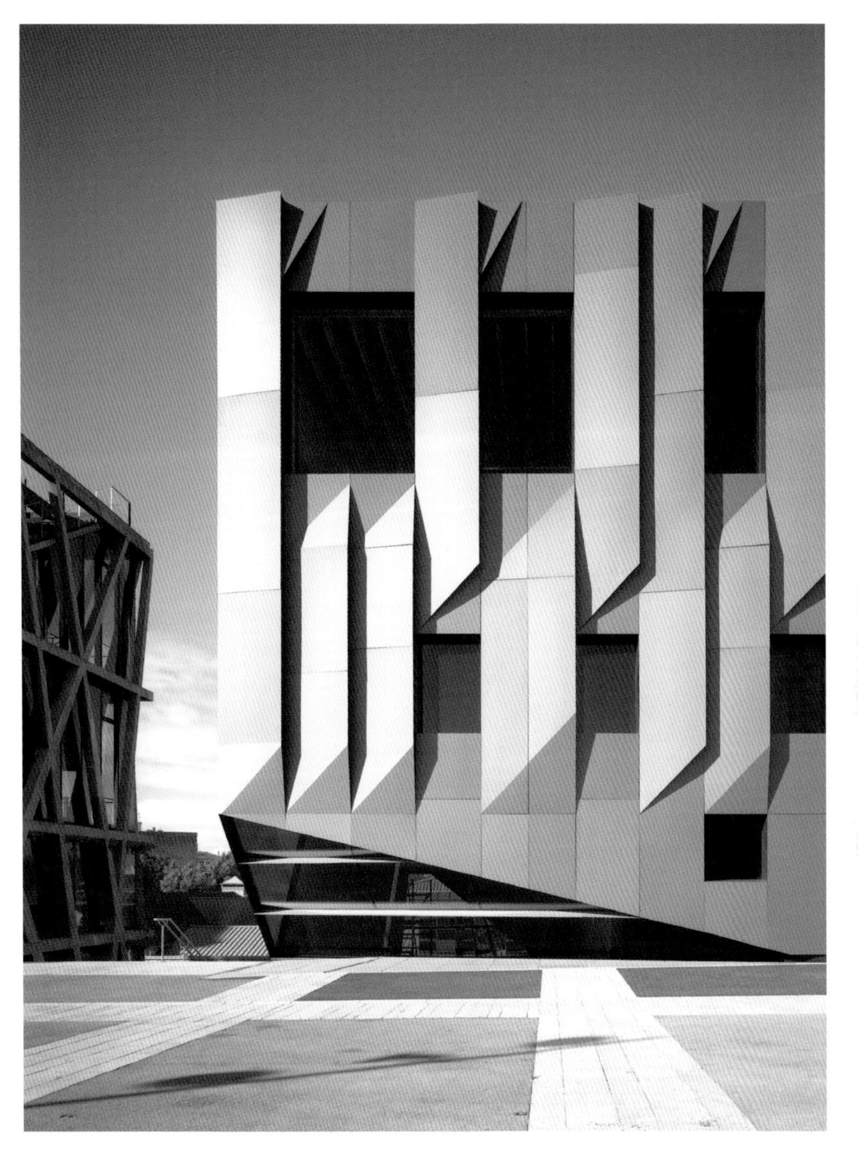

↑ 북동쪽 파사드의 동쪽 끝. 외벽 알루미늄 판의 두께는 4밀리미터
← 남서쪽 파사드. 남프랑스의 태양을 분절하기 위한 폴딩

요철을 줄 때는 알루미늄 판의 얇음, 즉 알루미늄의 팔랑팔랑함을 보여주는 것을 중시했다. 알루미늄은 본래 가벼운 성질로 공업적 인상을 주는 소재이지만 그것을 팔랑팔랑한, 피부 같은 섬세한 물질로 다룸으로써 인체와 알루미늄 사이에 기존에 없었을 친밀한 관계를 만들어냈다. 팔랑팔랑한 알루미늄으로 만들어진 빛과 그늘의 주름은, 엑상 프로방스가 낳은 인상파의 거두 폴 세잔Paul Cézanne이 즐겨 그린 생트 빅투아르Sainte-Victoire 바위산이 보여주는 빛과 그늘의 주름과도 잘 어울린다.

엑상 프로방스의 견고하고 메마른 빛이 생트 빅투아르의 석회질 산을 팔랑팔랑한 주름으로 바꾼 것처럼 이 건축에서는 알루미늄이라는 물질이 도시에서 사용될 때와는 다른 음색을 발하고 있다. 그 음색 역시 엑상 프로방스 출신 음악가이며 이 홀 이름의 뿌리이기도 한 다리우스 미요Darius Milhaud의 건조하면서도 다채로운 음색과도 닮았다. 사진은 콘서트홀로 벽면에 나무판으로 팔랑팔랑한 주름을 만들어 음향적으로 탁월한 효과를 얻었다.

800년 뒤의 호조안
800年後の方丈庵

‘작은 건축 = 방장方丈’의 미덕을 이야기한 『방장기方丈記』의 작자 가모노 조메이鴨長明, 1155-1216의 살림집 호조안을, 그 터가 있던 시모가모下鴨 신사 안에 현대적 방법으로 재구축했다. 방장기는 그 이름대로 방장(약 3×3미터) 크기의 작고 가난한 오두막으로, 일본식 협소 주택의 원형이라고 평가되기도 한다. 자연을 곁에 두는 휴먼 스케일의 일본 살림집의 원점이기도 하다. 가모노 조메이는 혼란한 시절에 이동식 주택 호조안을 지었고 실제로 호조안을 옮겨 짓기도 했다고 전해진다. 우리는 둘둘 말아 운반할 수 있는 ETFE 시트를 재료로 택함으로써 혼자서 옮길 수 있는 현대판 호조안을 만드는 일에 도전했다. 21매의 팔랑팔랑한 ETFE 시트에 20×30밀리미터의 아주 작은 단면의 삼나무 각재를 붙이고 그 각재들을 강력 자석으로 접합함으로써 막에 탄성을 주고 각재에 부하를 감당하게 하는 텐세그리티tensegrity(미국 건축가 벅민스터 풀러가 제안한 역학 구조로 시스템이 파괴되지 않는 선에서 부재를 극한까지 줄일 수 있는 구조)를 실현했다. 사진에서 오두막과 시모가모 신사가 어우러진 모습을 볼 수 있다.

샹샤 상하이
Shang Xia Shanghai

상하이 프랑스 조계祖界에 1909년 지어진 붉은 벽돌 건물 안 구름 같은 천을 이용하여 부드러운 빛이 충만한 실내 공간을 만들었다. 산지쿠오리三軸織り라는 특수한 방법으로 제작된 폴리에스테르 천을 금속 틀을 이용해 입체 성형함으로써 부피감 있고 팔랑팔랑하는 가벼운 천이 완성되었다. 중국인은 이렇게 요철이 있는 벽을 흔히 타이후 호수太湖 속에 잠자는 큰 암석 태호석에 비유한다. 우리가 만든 것은 현대 기술을 이용한 가볍고 얇은 태호석이다. 사진에서 3차원으로 가공된 폴리에스테르 천으로 만든 동굴 같은 벽과 천장을 볼 수 있다.

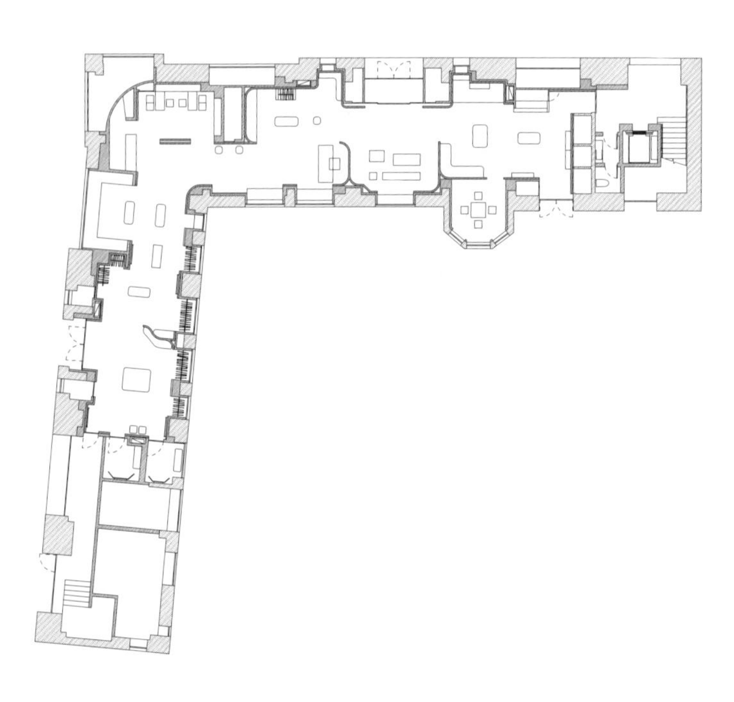

↑ 내부에는 에르메스가 중국에서 출시한 브랜드 샹샤上下 제품이 진열되어 있다.
↖ 벽의 디테일. 금속 틀로 입체 성형한 천이 한 장 한 장 실로 부착되어 있다.

ふわふわ

천처럼 생기거나 막처럼 생긴 것을
다룰 때는 팔랑팔랑으로 가는 경우와
푹신푹신으로 가는 경우가 있습니다.
가장자리를 그냥 잘라놓기만 하여
힘이 없고 나풀거리는 듯한 인상이
팔랑팔랑입니다. 반면에 푹신푹신은
천 내부에 공기의 압력이 있어서,
누르면 부드럽게 되밀어줄 것 같은
상태입니다. 이 역시 생물에게는
매우 기분 좋은 상태입니다.

생물이 생물을 꼭 안을 때 탄력이

느껴지는 상태를 연상해주십시오.

생물의 피부도 일종의 천입니다.

그 안에 액체나 기체가 차 있어서

꼭 안으면 부드럽게 되밀어낼 것입니다.

내부에 액체나 기체를 채우지 않더라도

긴장을 만들어준다면, 즉 천을

양쪽에서 잡아당겨서 피부가

팽팽해지면 생물의 피부 같은

기분 좋은 탄성을 획득할 수 있습니다.

티 하우스
Tee Haus

독일 프랑크푸르트 응용예술뮤지엄Museum Angewandte Kunst 공원에 임시로 지은 다실. 이중 막 사이에 압축기로 공기를 불어넣자 푹신푹신하고 경쾌한 공간이 출현했다. 막의 재료는 공기 충전을 반복해도 열화하지 않을 만큼 유연해야 하므로 유리섬유를 기본 원료로 쓰지 않는 테나라tenara라는 부드럽고 빛을 투과하는 재료를 택했다. 두 장의 막을 붙일 때는 60센티미터 간격으로 배치한 폴리에스테르 끈으로 단단히 묶었다. 묶은 자리는 막 위에 점처럼 보인다. 송송송송 자리 잡은 점들이 만들어내는 미묘한 요철이 이 부드러운 건축에 더욱 푹신푹신한 인상을 준다. 사진을 보면 테나라를 사용한 이중 막 구조의 내부에 다다미가 깔려 있다.

메무 메도우스
Memu Meadows

홋카이도北海道 오비로帯広시 남쪽 다이키大樹정에 있는 약 5만6,000평의 목장을 지속 가능한 건축을 연구·교육·연수하는 시설로 재생하는 계획. 초원에 매년 한 동씩 지어나가는 실험 주택의 첫 번째 작업이었다. 아이누アイヌ의 전통 주거 '지세チセ'에서 많은 단서를 얻었다. 지세는 얼룩조릿대 잎으로 지붕과 벽을 만드는데 한랭한 기후로부터 사람을 지켜주는 부드럽고 푹신푹신한 주거다. 우리는 얼룩조릿대 대신 불소 코팅한 폴리에스테르 막으로 지붕과 벽을 만들고 내부에 유리섬유 내벽을 붙였다. 이 이중 막 사이에 따뜻한 공기를 대류시켜서 부드러움과 푹신푹신함을 유지한 채 따뜻한 실내 환경을 얻었다. 이중 막은 빛을 투과하므로 실내에 있어도 부드러운 북국의 빛 속에서 생활할 수 있다. 사진에서 폴리에스테르 막과 유리섬유 천으로 만든 이중 막 구조를 볼 수 있다. 바닥은 두터운 돗자리로 마감하고 돗자리 밑의 콘크리트 슬래브는 지열을 모으는 축열판 역할을 한다.

코쿤
Cocoon

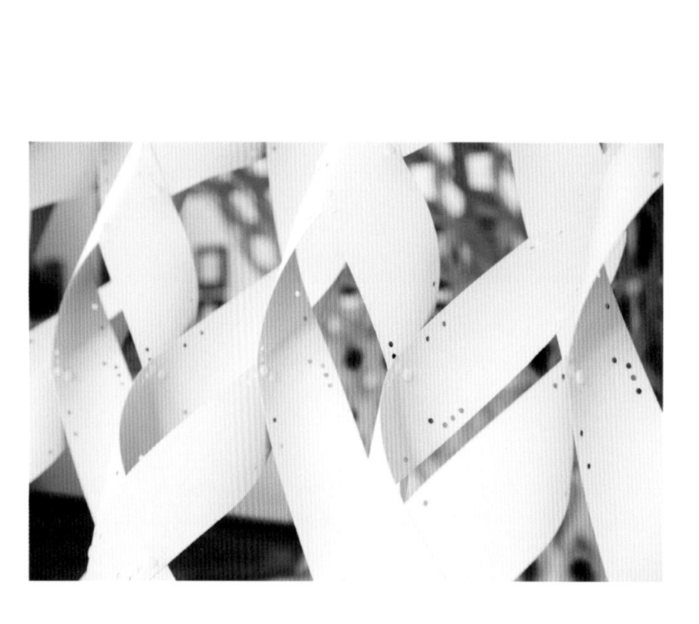

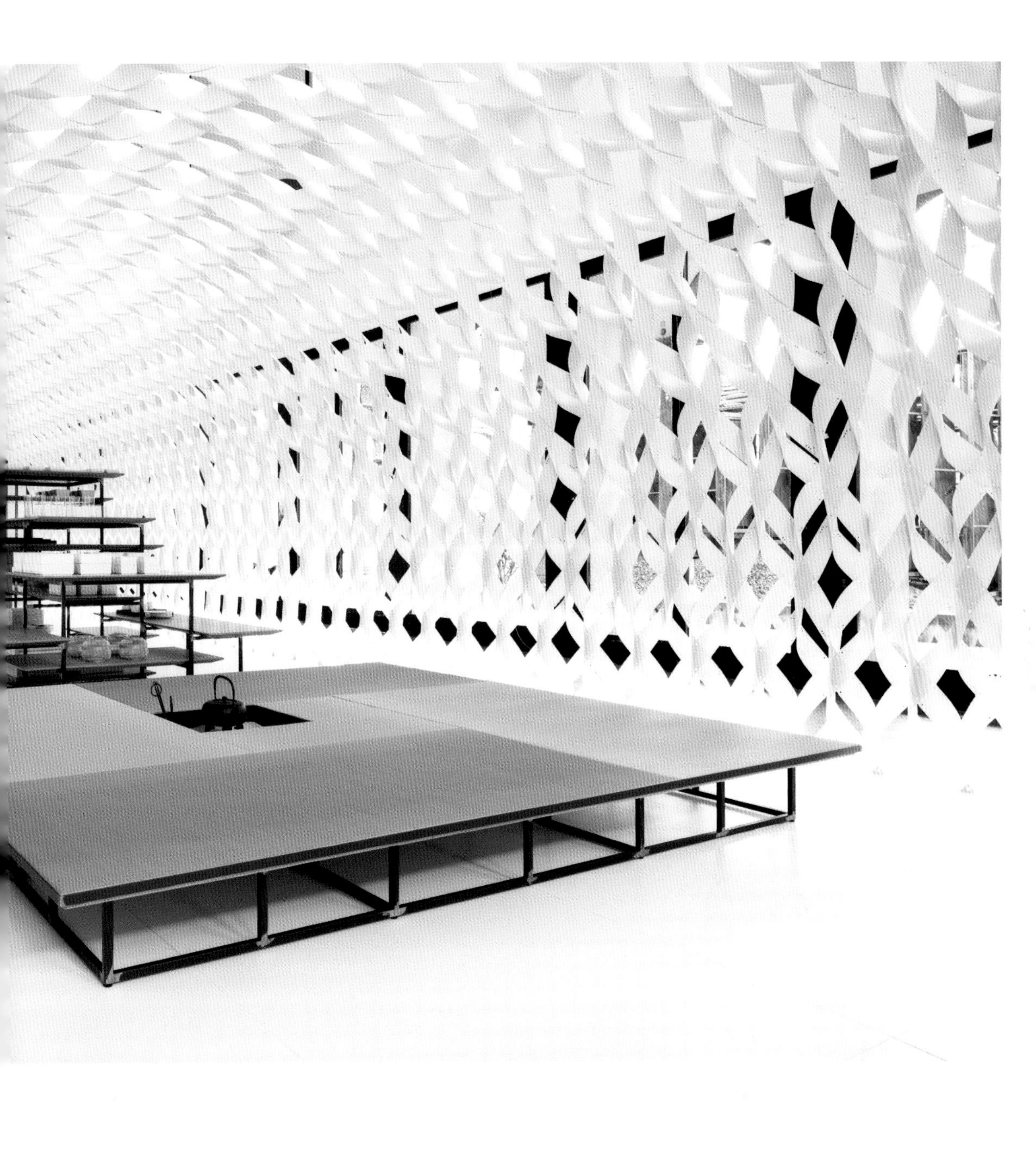

두께 1밀리미터의 벌커나이즈드vulcanized 페이퍼를 구부리고 비틀어 5미터 지름의 그릇 모양을 한 경쾌한 구조체를 만들어냈다. 코튼 펄프로 만든 종이를 염화아연 용액으로 여러 겹 포갠 뒤 용액을 제거하면 벌커나이즈드 페이퍼라는 얇으면서도 강인한 특수 종이가 만들어진다. 그 강하고 팔랑팔랑한 소재에 플라스틱 클립을 이용하여 구부리고 비틀어 강인한 '종이 동굴'을 만들었다. 얇고 팔랑팔랑한 소재가 스트레스를 받으며 변하는 과정은 섬세한 섬유가 강도 있는 고치로 변하는 과정과 닮았다.

작품 정보

송송송송

로터스 하우스 26

Lotus House

소재지 동일본
준공년 2005
용도 별장
구조 철골조, RC조
규모 지상 2층
대지면적 2,300.66m²
바닥면적 530.27m²

유스하라 우든브리지뮤지엄 34

Yusuhara Wooden Bridge Museum

소재지 고치현 다카오카군 유스하라정
준공년 2010
용도 전시 공간
구조 목조, 일부 철골조, RC조
규모 지하 1층, 지상 2층
대지면적 14,736.47m²
바닥면적 445.79m²

규슈예문관 별관 2 40

九州芸文館 アネックス 2

소재지 후쿠오카현 지쿠고시
준공년 2013
용도 도예 공방
구조 목조
규모 지상 1층
바닥면적 165m²

브장송 예술문화센터 42

Besançon Art Center and Cité de la Musique

소재지 프랑스 브장송시
준공년 2012
용도 복합 문화시설
구조 철골조, RC조
규모 지상 3층
대지면적 20,603m²
바닥면적 10,000m²

펑얀 48

風檐

소재지 대만 신주현
준공년 2015
용도 파빌리온
구조 (목재 짜 맞춤 방식을 이용한)비렌딜vierendeel 아치
바닥면적 약 180m²

술술술술

워터/체리 56

Water/Cherry

소재지 동일본
준공년 2012
용도 주택

빙글빙글

신진 지 예술관 72

新津 知·藝術館

소재지 중국 쓰촨성 청두시 신진현
준공년 2011
용도 전시관
구조 RC조, 일부 철골조
규모 지상 3층, 지하 1층
대지면적 2,580m²
바닥면적 2,353m²

규슈예문관 본관 80
九州芸文館 本館

소재지 후쿠오카현 지쿠고시
준공년 2013
용도 문화 교류 시설, 카페
구조 RC조, 일부 철골조
규모 지상 2층
바닥면적 3,657m²

낭창낭창 86
Nangchang-Nangchang

준공년 2013
용도 광주디자인비엔날레를 위한 설치 작품
규모 길이 15m, 폭 4.5m

첩첩첩첩

아사쿠사 문화관광센터 92
Asakusa Culture Tourist Information Center

소재지 도쿄 다이토구 라이몬
준공년 2012
용도 관광안내소, 회의실, 전시 공간, 음식점
구조 철골조, 일부 SRC조
규모 지하 1층, 지상 8층
대지면적 326.23m²
바닥면적 2,159.52m²

아오레 나가오카 96
アオーレ長岡

소재지 니가타현 나가오카시
준공년 2012
용도 시청 본청사, 집회소, 자동차 차고, 점포 및 음식점, 은행 지점, 지붕 있는 광장
구조 RC조, 일부 철골조
규모 지하 1층, 지상 4층
대지면적 14,938.81m²
바닥면적 35,492m²

앙트르포 맥도날 102
Entrepot Macdonald

소재지 프랑스 파리
준공년 2013
용도 중학교, 고등학교, 스포츠센터(담당 부분)
구조 RC조(기존), 철골조
규모 지하 1층, 지상 4층
바닥면적 16,744m²

거슬거슬

좃쿠라 광장 112
ちょっ蔵広場

소재지 도치기현 시오야군 나카네자와정
준공년 2006
용도 집회장, 전시장
구조 철골조, 조적조
규모 지상 1층
대지면적 2,968.47m²
바닥면적 546.46m²

도와다 시민교류 프라자 118
Towada City Plaza

소재지 아오모리현 도와다시
준공년 2014
용도 교류 시설
구조 철골조
규모 지상 1층
바닥면적 1,846.97m²

그물망/흙 132

Mesh/Earth

소재지 도쿄
준공년 2011
용도 테라스하우스
구조 철골조
규모 지상 3층
대지면적 158.11m²
바닥면적 182.82m²

PC가든 138

PC Garden

소재지 동일본
준공년 2012
용도 주택

중국미술학원 민예박물관 144

中国美術学院民芸博物館

소재지 중국 항저우시
준공년 2015
용도 아트갤러리, 회의장
구조 철골조
규모 지상 1층(일부 2층)
바닥면적 4,936m²

GC프로소뮤지엄 리서치센터 156

GC Prostho Museum Research Center

소재지 아이치현 가스가이시
준공년 2010
용도 뮤지엄, 연구센터
구조 RC조, 목조
규모 지하 1층, 지상 3층
대지면적 421.55m²
바닥면적 626.5m²

스타벅스 다자이후텐만구 오모테산도점 164

Starbucks Coffee at Dazaifutenmangu Omotesando

소재지 후쿠오카현 다자이후시
준공년 2011
용도 점포
구조 목조
규모 지상 1층
대지면적 436.71m²
바닥면적 210.03m²

서니힐스 재팬 170

Sunny Hills Japan

소재지 도쿄 미나토구 미나미아오야마
준공년 2013
용도 점포
구조 RC조, 일부 목조
규모 지하 1층, 지상 2층
대지면적 175.69m²
바닥면적 293m²

숭숭숭숭

글라스/우드 하우스 182
Glass/Wood House

소재지 미국 코네티컷주 뉴캐넌
준공년 2010
용도 주택
구조 목조(개수 부분), 철골조(신축 부분)
규모 지하 1층, 지상 1층
대지면적 10,000m^2
바닥면적 830m^2

북슬북슬

나그네를 위한 쉼터 유스하라 194
まちの駅「ゆすはら」

소재지 고치현 다카오카군 유스하라정
준공년 2010
용도 호텔, 시장
구조 RC조
규모 지상 3층
대지면적 779.08m^2
바닥면적 1,132m^2

센싱 스페이스 198
Sensing Spaces

소재지 영국 런던 로열아카데미
준공년 2014
용도 파빌리온

뎃짱 200
てっちゃん

소재지 도쿄 무사시노시 기치조지혼정
준공년 2014
용도 음식점

팔랑팔랑

카살그란데 세라믹 클라우드 210
Casalgrande Ceramic Cloud

소재지 이탈리아 레지오 에밀리아현 카살그란데
준공년 2010
용도 조형물
대지면적 2,697m^2

마르세유 현대미술센터 212
FRAC Marseille

소재지 프랑스 마르세유
준공년 2013
용도 뮤지엄, 회의실, 주거, 사무실, 카페
구조 RC조, 일부 철골조
규모 지하 1층, 지상 4층
대지면적 1,570m^2
바닥면적 3,985m^2

엑상 프로방스 음악원 216
Aix-en-Provence Conservatory of Music

소재지 프랑스 엑상 프로방스
준공년 2013
용도 음악대학, 강당
구조 RC조, 철골조
규모 지하 1층, 지상 4층
대지면적 1,796m^2
바닥면적 7,395m^2

800년 뒤의 호조안 222
800年後の方丈庵

소재지 교토시 사쿄구 시모가모 이즈미카와정
준공년 2012
용도 파빌리온
바닥면적 9m^2

샹샤 상하이 224
Shang Xia Shanghai

소재지 중국 상하이시
준공년 2014
용도 점포
바닥면적 1,351m²

푹신푹신

티 하우스 232
Tee Haus

소재지 독일 프랑크푸르트 응용예술뮤지엄
준공년 2007.7
용도 다실
구조 막 구조
바닥면적 31.3m²

메무 메도우스 234
Memu Meadows

소재지 홋카이도 히로오군 다이키정
준공년 2011
용도 실험 주택
구조 목조
바닥면적 79.50m²

코쿤 236
Cocoon

소재지 이탈리아 밀라노시
준공년 2015
용도 파빌리온
소재 벌커나이즈드 페이퍼
규모 폭 5m, 길이 15m, 높이 2.5m

사진 정보

사진 저작권자

가와노 히로유키河野博之
(니시니혼샤보후쿠오카西日本写房福岡)
41, 80–81, 83쪽 하단, 85쪽

고노 다이치阿野太一
26–33, 72–79, 112–116, 156–158, 160–161
163, 170–171쪽

기욤 사트레Guillaume Satre
102–106쪽

니시카와 마사오西川公郎
164–169, 224–227쪽

니와 레이丹羽玲
222–223쪽

니콜라 발레포글레Nicolas Waltefaugle
42–47, 212, 214쪽

디자인하우스Design House
86–87쪽

롤란드 할베Roland Halbe
216–221쪽

마르코 인트로이니Marco Introini
210–211쪽

스콧 프랜시스Scott Frances
182–183, 187쪽

알레시오 과리노Alessio Guarino
172–173쪽

야마기시 다케시山岸剛
92–94쪽

에드워드 카루소Edward Caruso
175쪽

에리에타 아탈리Erieta Attali
82, 96–100, 200–205, 213쪽

오타 다쿠미太田拓実
34–39, 132–136, 194–196, 236–237쪽

지미 콜센Jimmy Cohrssen
159쪽

청 딘Cheng Dean
48–49쪽

하세가와 겐타長谷川健太
118–122쪽

후지즈카 미쓰마사藤塚光政
56–65, 138–143쪽

사진 제공처

KKAA
51, 184–185, 198–199, 232–235쪽

중국미술학원中国美術学院
144–151쪽

편집 협력

구마겐고건축도시설계사무소
隈研吾建築都市設計事務所
지바 마리코稲葉麻理子